パウロの「聖霊による聖書解釈」

パウロの「聖霊による聖書解釈」

―― 身読的解釈学 ――

門脇佳吉著

知泉書館

まえがき

現代の聖書学は鋭い理性を駆使しながら、目を見張るような目覚しい進歩を遂げつつある。

本書で私は現代聖書学の成果を大いに活用させていただいた。しかも、私の身読的解釈学は現代の釈義学・解釈学を前提とするものである。

しかし、現代の聖書解釈学には大きな盲点があるのではないだろうか。

なぜなら、聖書はほんらい聖霊によって書かれたのだから、聖霊によって解釈されねばならないにもかかわらず[1]、現代の聖書学は、聖書を理性によって解釈しているからである。

パウロの次の言葉は現代の聖書解釈学の理性的方法に挑戦状を突きつけている。

「私は人間的な知恵によって教えられた言葉においてではなく、むしろ霊によって教えられた言葉において語り、霊的なもの（pneumatikoîs 複数形容詞与格）**を霊的なもの**（pneumatikà

複数中性形容詞の対格）**によって解釈しながらそうするのである。**（Ⅰコリ二13）

本書はパウロに導かれながら、「聖霊による聖書解釈」とはどうあるべきかを、哲学的に反省したものである。そのために第一に反省したことは、理性中心主義の西洋思想では神の奥義を伝える聖書の真の意味を捉えることができないことを省察した。この論究は、トマス・アクイナスに依拠しており、論破しがたいように思われる。

本書の第二の特徴は、聖書を理性だけで読まないで、全身全霊を投入して謹読する方法を解明したことである。私はそのような聖書の読み方を禅の修行から学び、身読的方法と呼んで来た。この方法を四〇年前から実践し、『道の形而上学』（岩波書店）やその他の著書を著し、身読的解釈学を発展させてきた。今回初めてこの身読的解釈学を哲学的に反省し、この解釈学の正当性の根拠を明らかにすると同時に、聖書を身読するとは具体的にどういうものであるかを例証した。

その解明途上で幸運にも発見したことは、道元が行《ぎょう》を深く反省し、釈尊・祖師方の言葉・文章を解釈する上で、行が積極的な解釈学的活《はたら》きをしていることを明らかにしている事実であった。この道元の発見は、聖書解釈に応用可能であり、「聖霊による聖書解釈」の解明に大きな光を与えてくれることを、私は教えられた。

聖霊について語ることは、中世以来カタリ派などに対する異端尋問を恐れて禁句とされてきた。その証拠に、イグナチオ・デ・ロヨラは『霊操』（拙訳岩波文庫本）の中で聖霊という言葉を一度も使っていない。現代はその禁忌が解けて、聖霊運動が盛んになり、時として異語・エクスタシーなどの異常体験に関心が集まっている。私の聖霊研究は聖書に基づき、哲学的な反省によって根拠づけられたもので、このような運動とは一線を画したものである。

「聖霊による聖書解釈」は、現代の解釈学の鬼門であると言っていいだろう。私のこの鬼門への挑戦は、聖書解釈学者に大きな衝撃を与え、激しい反撥を招くかもしれない。

しかし、私は聖書解釈学者ではなく、ほんらい哲学を専門とする一学徒にすぎない。哲学は神学の女婢（ancilla theologiae）である。昔から哲学は神学や聖書研究に大いに貢献してきた。現代哲学はハイデッカー・ガダマー以来解釈学を反省的に研究し、聖書解釈学に女婢として仕えてきた。私はこの伝統に基づいて、神学の女婢として現代聖書解釈学に仕え、何がしかの貢献をしたいと思うに過ぎない。したがって、私のこの営みは、おそらく聖書学の専門家から見るならば、多くの欠陥を持っているに違いない。識者の教示を大いに期待し、修正したいと思っている。御批判をお願する次第である。

パウロの手紙の引用は主として青野太潮訳『パウロの書簡』岩波書店、一九九六年に拠った。その他の聖書からの引用は新共同訳（日本聖書協会）一九八七年に拠った。

目次

序論

予備的参究　身読的解釈学

パウロの「聖霊による聖書解釈」

――身読的解釈学――

序論

第一章　西洋思想の根本的欠陥[1]
――実践の場からの反省――

はじめに

ローマでの経験　一九六二年から一九六四年まで私はグレゴリアン大学で哲学の博士論文を書いた。テーマは「トーマス・アクイナスにおける共本性による認識 Cognitio secundum connaturalitatem」であった。この題を選んだのは、「トーマスのこの思想と仏教の三学（戒・定・慧）の類似性」について上智大学神学研究科の修士論文を書き上げ、この思想が日本での文化受容論に貢献するだろうと予想したからであった。事実この博士論文をもとにして、英文で「Budhist-Thomist Dialogue」を書き、International Philosophical Quarterly[2]に発表したところ、大きな反響があり、その後この論文は国際的な雑誌に三度転載された。この研究で発見した両者の類似は、その後の両者の比較研究の出発点となった。

グレゴリアン大学で最も深い影響を受けた教授が二人いた。de Finace 教授と B. Lonergan 教授であった。前者は私の博士論文の指導教官でもあった。その思想は仏教の理解に大いに貢献した。

Lonergan 教授の影響力は絶大だった。講義は「神学の方法（De mothodo theologiae）」であった。彼は神学の先生になるためにロンドン大学で数学の博士号をとった。数学は学問の典型であり、神学も学問である限り、数学に範を取らなければならないからである。彼が次にしたことは哲学だった。なぜか？　哲学は神学の下女であるが、神学構築のための思想的土台であるからである。最も斬新で優れた哲学書「Insight」を書いた。私はこの本を数回読んで、彼の哲学的思惟方法を学んだ。彼の優れたトーマス研究を読み、博士論文に取り入れた。

それよりも大きな知的衝撃を彼から受けた。それは西洋の神学的営為の特質をずばりと指摘するものであった。聖書の使信はヘブライ語（アラマイ語）とヘブライ思想によって表現されていた。初代教会において圧倒的優位にあったギリシャ文化に出会って、ギリシャ文化を取り入れ、ヘブライ的な使信をヘレニズム化した。これは、文化受容（Inculturation）の第一歩であった。

現在のキリスト教をも規定するような大きな出来事であった。ロンネルガンによれば、この出来事が重要なのは、キリスト教がヘブライ的な地方的特殊的宗教からギリシャ的な普遍的宗教へ変貌したことであった。ロンネルガン神学が現代の数学を踏まえ、現代の心理学・社会科学・人類学の知見を取り入れた、華麗な体系であることに魅せられていた私は、このロンネルガン説に感動し、賛同した。しかし、聖書思想のギリシャ的文化受容の普遍性についての彼の説が重大な誤謬を犯していることに気づくのは、日本における文化受容の現場においてだった。

一　日本人の教区神学生から学ぶ

私はローマで博士論文を終え、アメリカのフォーダム大学で約一年間現代心理学を学び、一九六五年四月から東京の上智大学哲学科で哲学を教え始めた。ギリシャ哲学・トーマス思想を根幹に据え、大いにロンネルガン哲学を取り入れて、教えた。主な学生は神学生であった。イエズス会の神学生は比較的優秀な学生が多く、彼らから私の授業は歓迎された。ところが、教区の神学生には非常に評判が悪かった。数年間そんな状態が続いた。私は、教区の神学生はどうして私の授業に付いて来れないのか理解できなかった。

ラサール神父から刺激を受けて、私は一九六九年から禅の修行をし始めた。鈴木大拙著『禅と日本文化』（岩波新書）を読んで、禅が日本の文化に大きな影響を及ぼした事実を知り、日本でキリスト教を宣教するためには禅を知らなければならないと考えたから、禅修行に本格的に取り組んだのである。禅の文献も読み、実践と理論を学んだ。禅修行は私の思想・生き方を知らないうちに西洋的から東洋的なものへと変えた。その結果、私の西洋的な思想を日本人に受け入れられるものにするためにどうすればよいか、がおぼろげながら分かってきた。そのときだった。私の授業が教区の神学生に受け入れられなかった本当の理由が分かって来た。彼らの理解力が低いからではなく、私の教える思想があまりにも西洋的なために、日本的な考え方をする神学生には受け入れがたかったためであった。

二　西洋神学の五つの問題点

この時、つくづく考えたのは、西洋神学が普遍的であるというロンネルガン説は正しくない、ということだった。その後、世界的宗教史家ミルチア・エリアーデを学び、大きな影響を受けた。彼はキリスト教信仰を保持しながら、若いときにインドに行き、ヨーガを実践的にも理論的にも学び、ヨーガについて名著を書き、その後、世界中の宗教現象を古代から現代にわたって研究し、宗教史に関する該博な知見に基づいて、次のような結論に達した。「西洋哲学・神学は普遍的ではなく、西洋という地域に属する地方的な（Provincial）哲学・神学である。(3)」その後、私自身も日本と東洋の宗教・文化を学んだ結果、エリアーデと同じ結論に達した。

その上、西洋的キリスト教神学は聖書の深い思想をくみ取ることができない性格を持っていることに気づくようになった。西洋哲学は人間理性によって客観的に現実を概念・理念で把握するので、人間や世界の普遍的側面を捉えうるが、i　個としての人間・世界・神を捉えられないし、ii　身体・肉を不問に付し、置き去りにした、という根本的な性格があることに気付いた。このことを端的に示す証《あか》しは、身体について哲学的反省は行われず、(4)そのために「肉になられた御言葉」は神学的に解明されなかったことである。その根本原因は、神学は、信仰の光に照らされてとはいえ、基本的には理性の営みであって、トーマスによれば、神学は「神が何であるかを教えることができず、ただ神が何でないかを教える(5)」に過ぎないからである。

その上、人間理性の形相的対象（Objectum formale）は存在者（Ens）(6)である。つまり、理性は実在を存在者という観点から捉える。そのために、存在者でないものは、理性では把握できない。その上、存在者の哲学は、アーレント(7)によれば必然的に全体主義的世界観になり、個とそのユニークな本質は把握されず、さらに私見によれば、存在と非存在、善と悪などの二元相対観に陥り、iii「不一にして不二」（龍樹『中論』(8)）なる実在の真なる深淵は把握できない。たとえば、仏教の空や涅槃や道家の無為や無や気、聖書の霊・聖霊や無（ケノーシス）・キリストの神秘（Mysterium）などは西洋的思惟方法では解明されないのである。また、理性は普遍的な概念・理念で事物を把握するから、個別的具体者は把握できない。人間・事物・神の最も大切な特性は個性的で、一つ一つユニークで、掛替えのない個としての具体者である。人間の場合は西洋哲学でも人格性として人間のユニークな性を捉えるが、理性で取らえられない「肉」としての人間こそ掛替えのない具体者であって、それは西洋的な抽象的な思惟方法では捉え得ない。人間だけでなく、動物・植物・無生物の一つ一つが掛替えのない深遠な真実在なのである。それは神道・仏教・ヒンズー教・聖書の教えである。

聖書の使信も日本の宗教、ことに禅も、個から出発し、具体的普遍に達し、また個に帰る思惟方法をなし、個としての人間・万物・仏・神を究明することを主眼にしている。西洋哲学・神学では個としての実在の深みは捉えられないことを私は日本の思想・宗教から学んで知った。

西洋神学のもう一つの欠陥は、ⅳ　教義神学と倫理神学と霊性神学と聖書神学などに分化し、相互に関係せず、それぞれは独立している。その原因は、人間理性が分別知であって、存在・真理・善性・一性（Ens・Verum・Bonum・Unum）の超越論的理念に分別し、それに基づいて哲学を存在論・認識論・倫理学に分化させた。神学も同様な分別知たる理性を使って思惟するから、教義神学・倫理神学・霊性神学に分化したのである。それと対照的なのは、仏教のなかの親鸞・道元であろう。彼らにとっては教義・倫理・実践の区別はなく、道理に貫かれた一つの学道があるだけである。その典型が親鸞の『教行信証』である。「教巻」では真実の教えを顕すのは『大無量寿経』であり、『行巻』では真実の行を顕し、『信巻』では真実の信を顕し、「証巻」では真実の証を顕し、「真仏土巻」では真仏土を顕し、「化身土巻」では化身土を顕す。全巻の教・行・信・証を貫いている根源的志向性はダイナミックに活《はたら》く「阿弥陀の本願」であり、たとえば信仰者の行（称名）は、本願の功徳によってなされるから、「極速円満す、真如一実の功徳宝海なり。かかるがゆえに大行と名づく。」従って、教義と行と信仰と仏の証とが一体化し、一つの統一体をなしている。そこでは、教義・倫理・信仰・修行が相互に支え合い、一つの生ける組織体をなしている。

西洋神学のもう一つの欠陥は、v 自然の忘却である。創世記では神は万物・自然を創られるごとに、すべて「良し（トーフ）」と仰せられた。神の「良し」は、神の絶対的肯定であり、神のハイヤーの付与であり、万物の一つ一つが掛替えのないものであることを意味する。[9]

ローマでトーマス思想の研究に没頭していたとき、『神学大全』の中でトーマスの重要な自己評価に出会って、感動したことを思い出した。トーマスは、膨大な『神学大全』は「初心者のための書」[10]であり、「神が何でないかを教えるに過ぎない」と明言している。私自身その後『霊操』に基づき、坐禅によってキリストの神秘に集中し、三昧になってキリスト教的神秘の内奥に導かれるようになるにつれ、『神学大全』の西洋的な思惟方法ではキリストの神秘に参入できないことが明らかになり、トーマスの自己評価の深意を知ることができるようになった。

西洋神学のこのような限界は、ハイデッガー哲学を取り入れて画期的な現代キリスト教神学を構築したラーナー神学についても言えることであり、彼自身もそのことを語っている。同様なことは、プロテスタント神学を含めたすべての西洋神学にいうことができる。一流の神学者なら自己の限界に気づいているはずである。

とこで、わたしは西洋哲学・神学がこれまで西洋世界で果たした偉大な役割を否定するものではない。信仰の問題で知的な疑問を抱いている知識階級に対して、カトリック教会の教義が知的に矛盾するものではなく、信ずるに足るものであることを示してきた業績は大きいと思う。その上、東洋人であるわれわれはカトリシズムが何であるか知るために、西洋神学を通じて知る以外に路はないのである。さらにいえば、西洋哲学を身に着けることは、西洋文化全体の知的財産を知る上で、不可欠な教養であると言わなければならない。また、西洋哲学・神学は新しい普遍的な神学を形成するためにどうしても通過しなければならない通路であると言わなければならないだろう。私自身西洋哲学を学ぶことによって大きな知的財産を身につけることができ、それなしには新しい神学は生まれないと思う。一つだけ例を挙げれば、道元の文章を解釈する場合、文章の構成や語彙の研究や釈義において西洋で発達した解釈学や釈義学の知識はどうしても必須である。ただし、西洋の解釈学では道元の『正法眼蔵』や聖書は正しく読むことができないと思う。宗教体験の書は、どうしても身読する必要があるからである。そのために新しい「身読的解釈学」が必要であると思われる。

三　西洋キリスト教の没落と東洋宗教実践への傾倒

このことは、西洋世界におけるキリスト教の没落と東洋的宗教実践の流行という二つの事実と大いに関係していると思う。なぜなら西洋神学に基づく宣教では、神・人間の神秘に触れることができないだけでなく、神秘へと導く道を指し示していないし、個としての人間・万物が持っている神秘を教えず、神秘への止むにやまれぬ願望を満たすものを持っていないからである。それに反して、東洋的な宗教実践は、ヨーガであれ、禅であれ、念仏であれ、個としての人間が持っている神秘への願望を満たし、神秘へ導く具体的方法を教えてくれる。だから、西洋神学で満たされない西洋人が沢山いて、深い願望を満たすために東洋的宗教実践に赴くのは当然と言えるのである。これらの二つの事実の関連を、カトリックを含めた西洋のキリスト教会全体が認識していないということは悲しむべき現状である。

私は西洋神学と聖書の思想的相違を知るにつけ、長い年月をかけて、聖書を学び続けた。一九九九年に三か月間エルザレムに滞在し、聖書の思想とユダヤ神秘思想を研究した。研究の結果、上述したような、西洋神学と聖書思想の根本的な相違がますます明確になっただけでなく、禅思想と聖書思想・ユダヤ神秘思想が似ており、この三者（禅・聖書・ユダヤ神秘思想）と西洋キリスト教神秘思想が似ていないことが明らかとなった。その結果、私の前に新しい展望が開けてきた。私はこれまで禅のみならず、神道・親鸞・日蓮・芭蕉・一休・良寛・老子・荘子などを研究してきた[11]。これらはすべて文化受容の試みであったが、私は、遠藤周作や井上洋治師のように、一度も日本的なキリスト教を作ろうとしてこなかった。私のやってきたことは、聖書を禅・神道など東洋的な思想の眼で読み直し、より一層聖書的なキリスト教を展開することだった。このような私の努力は間違っていなかったことが分かった。それだけでなく、私の試みの最終的な目標は、西洋神学より普遍的でいて、個を重んじ、肉になられた御言葉であるキリストの神秘に、東洋人のみならず西洋人・アジア人・アフリカ人を含めたすべての人を導くために、「道なるキリスト」の形而上学《ケイジジヨウガク》を構築することである[12]。

四　解決の試み――「道《キリスト》の奥義の形而上学《テオ・ロギヤ》[13]」の素描

洗礼を受けてキリスト信者になるとは、キリストの創造・救済の全方位的「活《はたら》き」によってキリストの弟子になることである。（マテオ二八18―20）「道《キリスト》」なる師イエスはあらゆる時と処ですべての弟子と共に同行二人し、弟子は師の十字架の道をキリストと共に同行二人し、「不一にして不二」なる「父なる神」の懐の裡で歩み、活き、憩う。愛のマグマ・「父なる神」はすべてを「不一不二」化し、相互に深く結びつけ、掛替えのないものにするダイナミックな「活き」の充満（プレロマ）である。

「道《キリスト》」とは、i　「肉に成られた御言葉」・イエスが自らを「私は道である」（ヨハネ一四6）と啓示された真実在、ii　全人類・万物の一つ一つを御父に導き、師と弟子の関係を常に保ちながら「同行二人[14]」しておられる方、iii　全人類・万物の救済の本願に満ち、その救済の本願を持って歴史のあらゆる時と処を貫き働いている方を指す。イエスは歴史的に実在した具体的な個でありながら、世の終わりまで全人類・万物とともに歩まれ、全人類・万物を御父の許に連れて行かれる（同行二人）から、力動的な普遍者である。イエスの真実在とは、歴史的な個人を指すのみでなく、全人類・万物と同行二人されるダイナミックな存在の仕方をされ、全人類・万物の一つ一つと切っても切り離せない、全人類・万物なしにはその真の存在意義を失うような、ダイナミックな全体的普遍者なのである。「父なる神」の愛のマグマが宇宙全体を満たし、すべてを「不一不二」化し、師なる「道《キリスト》」とすべての弟子の同行二人を切っても切り離せない親密一体化する。より具体的には、イエスは十字架上の死と復活によって全人類・万物[15]をすでに救済され、同時に歴史の発展に同行二人されて、救済を続けられる具体的普遍者[16]である。このような道《キリスト》は「その中心はどこにでもあり、その周辺は無限である球体[17]」の如く、どこにおいても、いかなるときも、十全で円満に活き続け、全人類・万物の一つ一つと師と弟子の人格的交わりの中に感応道交しておられる。この道《キリスト》の十全で円満な活きの中で（聖パウロのἐν Χριστῷ）全人類・万物の一つ一つは道《キリスト》の奥義を帯びた真実在となり、しかもその一つ一つが道の活きを通して相互に固く結ばれているから、掛替えのない個であると同時に全体である。その意味で、一つ一つが普遍的具体者であるから、全体的救済に貢献し、交互に扶助し合う、掛替えのない道友となる。

聖パウロ[18]によればイエスの十字架の死と復活による全人類・万物の救済は今も至る所で行われ、

すべての人・物を招き、導き、ともに連れて行っておられ、人類・万物の相互の憎悪・嫉妬・敵愾心を友愛に変え、貧困・飢餓・エイズを相互協力によって解消し、現代世界における対立・戦い・紛争を解決する、偉大な活きをする「和解力」そのものであり、対立するすべてを和解させ、新たにしつつある「新しき人」である。

すべてのキリストの弟子（信者）は、自分の中でこのような活きをしている道《キリスト》と同行二人して、その「和解力」と共に現代世界における対立・差別・紛争を解消するように渾身の努力をする使命を負っているのである。

予備的参究　身読論的解釈

第二章　身読的解釈学の解明

はじめに

われわれは『『正法眼蔵』参究』において『現成公案』の解釈を遂行した。その解釈方法は、身読的解釈学的方法であった。その方法は、私が大森曹玄老師のもとで禅修行を学び、多くの公案を参究し、透過した経験を反省し、「公案」を解くとは、現代的な表現で言い表せば、「公案を身読し解釈すること」であることに気づいた。そこで、拙著『公案と聖書の身読』でこの方法を「公案の身読的解釈学」と呼んだ。それ以後、私は道元の著書と聖書を読む際に、使ってきた方法である。

今までこの身読的解釈学を反省し、学問的にどのような解釈学であるかを解明しなかった。今回、前掲書で「現成公案」の身読的解釈学を学問的に遂行したので、その遂行を反省し、身読的解釈学とは、いかなる解釈学であるかを明らかにしてみたい。

身読的解釈学は、釈義学・解釈学を踏まえた、反省的解釈学である。

普通は釈義学（exegesis）と解釈学（hermeneutic）の二つに分ける。語彙の意味の研究、文献研究（様式・類型研究、伝承史研究、編集史研究を含む）は前者である。主にテキスト研究が中心で、テキストは何を言おうとするかを研究する。研究はテキスト内にとどまり、どんな現実（res, realitas）を指し示すかを問わない。それに対して、解釈学は、テキストはどんな現実を名指すのかを問う。だから、解釈学は、テキスト内に留まらず、主観と客観の識閾（threshold of consciousness）を越えて、現実（Res, Realitas）を指す。主客の閾をどう越えるか、はカント以後大問題である。ハイデッガー哲学は、ついにこの閾を越えることができず、現存在つまり「世界-内-存在（In-der-Welt-Sein）」の「世界」に留まった。ハイデッガー哲学を援用したブルトマン神学が、実存内の神学を超えることができなかったことは、この事態を示している。現代では、ただ一人レビナスの「身代わりの思想[19]」によってだけ主客の銀山鉄壁をかろうじて越えた。

反省的解釈学は、釈義学・解釈学の成果を学んだ上で、解釈学が行った成果（テキストの意味理解）と認識行為を反省し、解釈学で理解したことが真に実在と一致しているかを吟味する。このような三つのレベルの区別は、人間の認識が知覚・理解・判断の三つのレベルをもつことに根拠をもつ。釈義学・解釈学は、理解のレベルであり、人間理性は、自己が理解したことが実在と一致しているかを吟味する必要に迫られる。この吟味は判断のレベルで行われる。判断において初めて真理（理解したことと実在との一致）が問題となる。

判断においては、知性は完全な自己還帰（redito complete ad ipsum）を遂行し、認識内容と認識行為の二方面で自己の認識を反省し吟味する。理解した内容が実在と一致することを確認したうえで、認識が真理（veritas）であると断定する。[20]

道元は、「道もと円通（道の活きは宇宙・万物をまろやかに貫き、あらゆる二元相対を超え、主客、仏と衆生の壁（閾）を乗り越え、宇宙・万物を相互に結びつけ作用し合わせている）」の道理に目覚め、「道の形而上学」によって、主客、衆仏の二元相対を超越し、仏の現実（真実在）を名指すことができるようになった。パウロも同じように、「道なる神」がキリストを通じてなした人類・万物の救済の活きによって主客相対・神と被造物の壁を乗り越え、神・神的出来事を名指すことができるようになった。

普通の解釈学は、二元相対を超えて、現実を名指すことができるかどうかを問わず、テキストが現実を名指すことができることを前提にして、テキストを読み、その指示作用に身を任せ、現実を指示する。

ところが、カント以後の現代の認識論的状況下では、テキストや言述が現実を名指しうるかは大問題である。その上、聖書や仏典においては超越的な絶対者について語っているから、主客相対と神仏と衆生（被造物）の相対をどう超えるかは、大きな問題にならざるをえない。そこで、釈義学・解釈学の二つのほかに、どうしても反省的解釈学（reflective hermeneutic）が必要になる。

身読的解釈学はまさしくこの反省的解釈学に属する。パウロのテキストは、道元の『正法眼蔵』と同じように、人間理性では知りえない神仏の奥義を参究するものであるから、主客相対と神仏と衆生（被造物）の相対を超えて奥義に達するために、どうしてもからだ（身）を投入して全身全霊でなす行が必要になる。したがって、パウロのテキストの身読は、まずテキストの釈義学を学ぶ必要がある。また、パウロに関する多くの解釈学的研究がなされている。この点で私の身読的解釈学は多くの先学の優れた釈義学的と解釈学的研究に多くを負っている。
身読的解釈学が、どうして主客の相対を越え、神仏と衆生・被造物の間に横たわる深淵をどう乗り越えて行けるのかは、すでに拙著『禅仏教とキリスト教神秘思想』（七六―九三頁、二〇三―二〇五頁、二一七―二三六頁）と『身の形而上学』（一一五―一二五頁、一四二―一四九頁、レビナスについて二二三―二三五頁）で論及したので、ここでは論じない。

そして、その結果を踏まえて、創世記二７の人間の創造物語を身読しよう。本論において、パウロの書簡を読むときに、この身読的解釈学を使いながら参究しようと思う。

われわれはこのような身読的解釈学の解明を遂行することによって、解釈学の新しい次元に立つことになる。普通の解釈学は、第一にテキストに現れる語彙を研究する釈義学に始まり、次に語彙の意味に基づいてテキストが何を言おうとするか、を解明するテキスト解釈学が行われる。この段階までを釈義学に入れておこう。次に、言述としてのテキストがどのような現実を指しているかを究明するのが解釈学である。その場合、ブルトマンのようにハイデッガー哲学を使うと、人間の主体的なあり方（Das Dasein）が中心課題となる。

実存（Das Dasein）は世界内存在（Das In-der-Welt-Sein）である。実存に現れた「世界」、実存が住まっている「世界」が主題であって、カントが理性のイデアとした神・世界・魂は、依然として不可知のまま残っている。ハイデッガー哲学を使っているポール・リクールも、「世界」を越えて真の実在に達していないように思われる。

一　『正法眼蔵』のテキストからその「生存地平」へ

現代の解釈学によれば、あるテキストは、その著者と同時代の読み手が住んでいた「生存地平」から生まれたものであるから、この「生存地平」に置いて読むときにのみ、正しく解釈される。「生存地平」とは、聖書解釈学で「生活の座（Sitzen im Leben）」といわれてきたものである。

多くの場合、ある書物の「生存地平」は解釈者の「生存地平」と異質である。従って、解釈者は、テキストを読みながら、自分の「生存地平」を広げ、変革し、テキストの「生存地平」に身を抜かなければならない。解釈とは、このような実存変革によってなされる「テキストとの了解的な出逢い」（Auslegung als verstehende Begegnung mit den Text）である。ガダマーの用語で言えば、「地平の融合」(die Fusion der horizonte) である。

では、『正法眼蔵』は、(i) 誰が、(ii) 誰に対して、(iii) 何の目的で書かれたのであろうか。テキストに即しながら、これらのことを調べ、その後に『正法眼蔵』の「生存地平」に向かっていこう。

(i)『正法眼蔵』の著者は言うまでもなく道元である。

道元についてはよく知られており、また拙著『道の形而上学』でその生涯を比較的詳しく述べたので、ここでは省略する。

(ii) 誰に対して書かれたか。

「現成公案」が書かれた相手は、直接的には俗弟子・楊秀光である。彼は優れた仏弟子であったから、道元は彼の今後の仏道弁道の基本的なあり方を教えるために、この書を彼に書き与えたものであった。

道元は晩年(一二五二)に『正法眼蔵』を七十五巻にまとめるに当たって、この「現成公案」を第一巻として『正法眼蔵』の冒頭に置いた。冒頭に置かれたとき、「現成公案」は道を求めて道元のもとで全身心を投げ打って修行するすべての弟子に対する仏道弁道の指針の書となった。

(iii) 何の目的のために書かれたのか。

「現成公案」は、道元がすべての弟子に仏の正法の何たるかを説き、正法を体得するためにどのように修行し、証悟していけばよいかを説いた指南書である。このことは、拙著『『正法眼蔵』参究――道の奥義の形而上学』で明らかにした。

二 「現成公案」の文書からパロール的状況(発語の現場)への還元

現代の解釈学やソシュールの記号言語学が教えるところによれば、あらゆる種類の言語テキストは、そのテキストの作者が生きていた「生存地平」にもどして、その「地平」の中で正しく解釈されるべきである。けれども、もしそれが記録された文書《エクリチュール》として読まれるとき、そのテキストの「生存地平」の状況は脱落し、ラングとして永遠性を帯び、「記号の世界」を構成する客観的な文化の一要素と化す。

そこで、われわれは、「現成公案」をエクリチュールとしてのテキストからパロール的状況(発語の現場)へと還元する必要がある。

これまでわれわれが参究してきたことは、誰が誰に向かって何の目的で「現成公案」を書いたかである。このような仕方でこの書を書くという行為は、テキストを書くという点だけを見ると、エクリチュール的行為のように思われる。しかし、この書を書いた道元の主体的な行為の観点から観るとき、「弟子に正法を説いている」行為であり、まさしくパロール（発語行為）であるといわなければならないだろう。しかも、「現成公案」が『正法眼蔵』の第一巻となったとき、『正法眼蔵』の大部分の巻がそうであるように、弟子たちへの―示衆（僧集団への説示）となった。「現成公案」はエクリチュール（文書）からパロール（語り）へと変換したのである。

この変換を知ることによって、われわれは「現成公案」の「生存地平」へと向かうことができることになった。なぜなら、パロール的状況こそ「現成公案」の「生存地平」の一大特徴であるからである。この文書は書かれた文書として読むべきでなく、弟子たちへの説教という「語り」として読むべきである。しかも、上の参究から明らかなように、仏の正法とは何かを説き、正法を体得するためにはどのように修行し、どのように証悟すればよいかを語りかけたものなのである。同じことは、後に見るように、パウロの手紙についてもいえる。パウロの手紙は、書かれた文書としてではなく、相手に向かって「語られたもの」として読むべきであると思う。

だから語る者も聞く者も、ともに坐禅を実践し、正法を参究しているのである。坐禅という全身心を投入した行為なしには、『正法眼蔵』を読み、理解することは不可能であることは明らかである。だから私は『正法眼蔵』を正しく解釈するためには、解釈者は坐禅を実践して身読する必要があると言うのである。

したがって、『正法眼蔵』の生存地平は、坐禅をする者の対話、しかもどのように行じて行けばよいか、という行為がテーマ（話題）である。したがって、正法眼蔵の生存地平は、西田哲学の用語で言えば、行為的自己の地平であると言わなければならない。

それと対比すると、現代のわれわれが住む日常生活の生存地平は、意識的自己である。意識的自己の典型は、デカルトの「われ思う、ゆえにわれあり（Cogito, sum）」である。意識するわれを中心に据え、五感・理性で対象を捉え、判断し、正しい判断に基づいて、身心を使って行動する。

道元が明らかにしたように、意識的自己の地平に生きている限り、物事の奥義は認識できないから、意識的自己の生存地平から行為的自己の生存地平へ転換しなければならない。

三　「現成公案」と聖書を坐禅の実践を通して身読する

１　意識的自己の生存地平から行為的自己の生存地平に転換して、『正法眼蔵』を身読するために、次の三つのことが必要である、と道元は説く。

①　信仰が必要である。道元は、坐禅するためには、「普勧坐禅儀」で説いているように、「道もと円通（根源としての道が宇宙・万物を円満に活かしつつある）」を坐禅弁道の根本原理とし、まず、「自己もと道中にある」ことを信じ、この信を「学道の本基」としなければならない、と説く。

②　坐禅でまず実践することは、「坐禅儀」が教えるように、身を調え、呼吸を調え、心を調えることである。身調・息調・心調でなすことは、身・息・心の働きを道の活きに調え、一つにすることである。道の活きはわれわれ人間の身・息・心を調へつつあるが、われわれ人間はこの道の活きを欲望・執着によって乱しているから、よこしまな欲望から離れて、道の活きに立ち返り、その活きをわれわれの身・息・心の働きと一つにするのである。このことについて、拙著

『禅仏教とキリスト教神秘主義』の「坐禅の現象学的記述」（二二三―二二八頁）に詳しく述べておいた。

③　次にすべきことは、「意根を坐断して、知解の路に向かわざらしむ」ことである。参究すべき仏道は、道の奥義であって、人間理性では理解可能ではないから、「知解の路」を断つ必要があるからである。

拙著『道の形而上学』で参究したように、道元と聖書の思想は異質的で同一の形態構造を持っている（拙著『禅仏教とキリスト教神秘主義』一八、五五、一五四頁など参照）。『正法眼蔵』参究で発見した構造的同一性を列挙してみよう。ｉ　道の形而上学（道の活きの充満）、ii　充満する道の活きへの信仰、iii　神・仏の十字架（難行苦行）による救済行為（二五一―二五二頁）、iv　行為的自己の生存地平、ｖ　道元の非思量とイグナチオの真正な神経験（『霊操』N331）

聖書を身読し現代の日本人が聖書を正しく読むためには、少なくとも次の三つの点でわれわれの住む現代的な生存地平から聖書の生存地平へ転換しなければならない。

第一の転換は言葉の意味と重みに関するものである。われわれにとって言葉は、人の思想・意志・感情の表現であるのに対して、聖書では言葉は語る人全体の表出だからである。しかも、聖書の言葉（ダバール）は、言葉であると同時に、出来事である。創世記の冒頭の「光あれ」という言葉は、光を創りだす活きである。

第二の転換は、意識的自己の生存地平から行為的自己の生存地平への転換である。聖書の神は活く神（Deus Agens）であり、人間は活く神と似て、働く者である。旅し（アブラハム・モーセ・イエスを見よ）、耕し（アダム）、大工し（イエス）、テント職人・旅人（パウロ）である。

第三の転換は、人間が知・情・意を尽くして神を探し求める意識的営みから、「道なる神」が人間と共に歩む道への転換である。現代人にとって神は人間の求めに応じて助けに来る方であるのに、聖書の神は人間を探し求める方であるだけでなく、人間と共に歩み導く「道なる神」だからである。道元の思想はこの道の観点に立つという点では、聖書の思想と同じである。このように省察してくると、次のような重大な結論に達する。

聖書や道元の著作を身読するため、第一にしなければならないことは、道の形而上学的観点に立ち、道の活きに全幅の信頼（信仰）を堅持し、意識的自己の生存地平から行為的自己の生存地平へ転換することである。

この原則を全身心で受け止め、遂行し、創世記の人間創造の物語を身読して行こう。

第三章　創世記二章の身読的解釈学

『正法眼蔵』参究』で創造の物語の身読を予告し、道元の思想との類似を示しておいた。そこで、ここで創世記を身読し、道元思想とどこで類似するかを詳しく観ることにしよう。この類似が確立するならば、『正法眼蔵』参究』で明らかになった知見・思想の枠組みを、パウロ思想の解明に大いに役立てうる道が開けることになる。

一　創世記二章の釈義

創世記には二つの創世の物語がある。第一章と第二章は、それぞれ別の時代に書かれ、違った文学スタイルで、思想背景も異なる二つの創世物語である。

現代の旧約聖書の研究によれば、第一章の創造物語はユダヤ民族がバビロンに補囚されていた紀元前六世紀頃に司祭集団によって書かれたものである。この集団は、すでに一週間七日制を確立し、安息日の典礼を守り、深い宗教体験と高い神学的教養を身につけた人々であったと思われる。そのために、彼らの書き残した創造物語は、その内容が神学的で、創造の活きは六日間に分けられる。まず闇から光を創造し、次に大空と海と大地を、そして地上にいろいろな草木を、大空には太陽と月と星々を、海にはいろいろな魚や怪物を、大空に天高く飛ぶ鳥たちを、大地には獣や家畜など諸動物を作り、遂に六日目に創造の頂点として「人間を創造され、七日目に神は安息された」、のである。

このように、「創世記第一章では、人間は創造の出来事のピラミッドの頂点である。それに対して第二章では、(他のものの創造を語らず)、人間は創造の業の円の中心である。[21]」

第二章の創造物語は、ダビデ王・ソロモン王の統治下の紀元前十世紀頃にヤハウィストと呼ばれる人々によって書かれた文書である。ヤハウィストは多くの聖書作者の中で最も芸術的で、感動的な物語作家だといわれている。[22]そのためにその「人間の創造物語」は、素朴な筆致で、簡潔な詩的な文章で書かれており、三千年前の古代人が書いた感動的な物語である。このような古代の文章は現代人のわれわれが持っているテキスト観とは全く違った意義を担っている。なぜなら三千年前のイスラエルの文化的背景は現代人の想像を越えるものであるからである。そこでこの文章の文学史的背景を見ていくことにしよう。

(1)　創世記第二章の文学史的背景

イスラエルでいつごろ口承文化から文字文化へ移行したかは正確には言えないが、ダビデがイスラエルの歴史の中で初めて王国を築き、王の事跡や業績を記録するために書記局が設けられるようになった時期には、文字文化は盛期を迎えていたと思われる。隣国フェニキアの民は地中海全域で商業活動を盛んに行うために、紀元前二千五十年ごろに簡便なアルファベット文字をすでに生み出していた。その影響下でイスラエルの民もアルファベットのヘブライ文字を生み出していた。それは、エジプトやメソポタミアの両古代文化の複雑な形象文字に比べると、多くの人が使用できる便利な文字であった。そのために、イスラエル文化は決定的な前進を遂げることができた。この事実が聖書の成立に大きな貢献をいたことは間違いない。

しかも、ヘブライ語の言葉（ダバール）は、現代の言葉とは違った意義をもっていた。現代人にとって言葉とは人の思想・意志・感情の表現である。それに対して、古代ヘブライ人にとって言葉は、語る人全体の表出であり、その人の全身心のエネルギーの放出である。言葉は出来事であり、事物を変える「活き」である。たとえば、創世記の冒頭の「光あれ」との神の言葉は、闇に光をもたらす「活き」である。この言《こと》は光を創る出来事《こと》である。

ヘブライ的な言葉の活きをよく示すのは、ヤコブが父イサクを騙して長子権授受の祝福の言葉を受けた場面（創世記二七章18—40）である。一度言った祝福の言葉は取り返しのつかない「活き」をもたらすのである。現代でもこの言葉の意義は生きている。ヘブライ人は日常の挨拶で「平和（シャローム）」という言葉を言い交わすが、この言葉が現実に平和をもたらすと信じているのである。ついでながら言っておけば、パウロもこのような言葉《ダバール》観を持っていたことは間違いないであろう。

このようなダイナミックな言葉観と呼応するのが、ダイナミックな神観念であり人間観である。聖書では、ギリシャ的西洋的な観念のように、理性によって認識される知の源である神ではなく、大自然を創造する神、歴史を動かして人間を救済しつつある神、「活く神（Deus Agens）」である。西田哲学の用語を使って言い直せば、ギリシャ的な神、西洋世界の神は意識的主体（自己）

であり、聖書の神は行為的主体（自己）である。

言葉のヘブライ的な意義から結論できることは、創世記二章の人間創造の物語において、神の創造の行為を表す言葉が多く使われているが、これらの言葉は、創造の「活き」を保持し、今も創造し続けるている神を指す。

ちなみに、古代の日本人も同じ言葉の意義を共有していることは興味深い。日本の古語では、言《こと》は事《こと》なのである。言葉は同時に出来事をさす点では同じである。

(2)　創世記第二章全体の構成に見られる神の母性的性格

まず物語全体の構成から見ていこう。その全体から浮かび上がってくる神の姿は、人間に慈しみの眼をそがれる母のような方である。聖書の神は人間の認識能力を限りなく超越し、人間が神を発見したという出来事は書かれていない。また神は人間が理性を働かせて認識できるもではない。現代の日本人はキリスト教の神が人間の理性によって考え出されたものだと考えているが、これほど聖書が啓示する神と違っているものはない。聖書の神は「活く神」であり、その活きを知ることによって神の本質を知ることができる。

二章4節から6節までは、神が人間を創造する前の状態が述べられ、「地上にはまだ野の木も、野の草も生えていなかった。」土地を耕す人もいず、荒涼たる大地が広がっていた。しかし、6節では人間の創造を準備するために、「水が地下から湧き出て、土の面のすべてを潤した。」7節では、物語の中心である「人間の創造」が簡潔に美しく物語られる。人間創造はわれわれの参究の中心課題であるから、全体の構成を見た後に、論究しよう。

続く二章8―15節では、神が人間のために豊かで美しい楽園「エデンの園」をつくり、創った人間をそこにおかれた（8節）。そこには「見るからに好ましく、食べるとおいしい物を、もたらすあらゆる種類の木々を地に生え出でさせ、園の中央には、命の樹と善悪と智慧の樹を生え出でさせられた。」（9節）その楽園からは四つの川が流れ出して、世界を潤していた川の流域では、良質の金を産出したり、琥珀やラピス・ラズリのような貴重な宝石が沢山産出し、広大で肥沃な沃地をもたらした（10―14節）。

神は人を連れて、エデンの園に住まわせ、人がそこを耕し、守るようにされた（15節）。16節から24節まで、神は人のために心をくだき、生涯の伴侶を創ることを描く。

まず、神は野の獣たち、空の鳥たちを形作り、人にそれぞれに名前をつけさせた。その中には人間の伴侶は見出せなかった。そこで、神は人を深い眠りに落とされ、あばら骨の一部を抜き取り、それで女を造り、人のところに連れて行った。人は女をみて歓び叫んだ。

ついに、これこそ、
わたしの骨の骨
わたしの肉の肉。
これこそ、女（イシャー）と呼ぼう
まさに、男（イシュ）から取られたものだから。　（23節）

この文の原文は単純な詩で、男が遂に自分の伴侶を見出した瞬間の感激を生き生きと描き出している。そのすぐ後、夫婦の愛の絆を次のように歌い上げる。

こういうわけで、男は父母を離れて女と結ばれ、二人は一体になる。　（24節）

父母の権威が強力だった三千年前の出来事であることを思うとき、「父母を離れて」という言葉の重みは計り知れないものがある。男女二人が当時強力だった父権・母権から自由になり、独立して、身も心も結ばれ、夫婦一体となる。三千年前の古代文明の物語が現代でも通用する夫婦の範型を示していることは驚くべきことである言えよう。

以上が創世記第二章の全体の物語である。その叙述からにじみ出てくることは、神が母のような慈しみをもって、人のために心をくだいていることである。そこに描かれている神は母的な慈しみに満ちた方である、と言えよう。

(3) 神の母的な慈しみによる人間の創造

このような文脈の中に人間の創造を描く創世記二章7節を置いて解釈していこう。

主なる神は、土(アダマ)の塵で人(アダム)を形づくり、
その鼻にいのちの息を吹き入れられた。
人はこうして生きる者となった。

まず、ヘブライ語の重要な語彙の解明から始めよう。

１「いのちの息」（ニシュマト・ハイーム）の「いき（ニシュマト）」と「いのち（イーム）（ハは冠詞）」を解明しよう。

ニシュマトは「ネシュマー（呼吸・息吹・生命力・霊）」からの派生語であるから、呼吸や息吹と深い関係をもち、生気や霊のように目に見えない力を指す。しかも、「いのちの息」は本来言表不可能な神の活きを指す言葉であることを知らなければならない。したがって、それは言表できない神の活きを象徴的にあらわしていることに注意しなければならない。そのことに注意するなら、「いのち」や「息」は、感覚的なものでありながら、形を越えた形而上学的な、神的なものを象徴的に示すために、最も適している言葉であることを知るはずである。「いのち」も「息」も、感覚的に捉えられる、最も身近なものでありながら、とらえどころのないものである。したがって、神的なものを象徴的に示すために最も適している言葉である。

イーム（いのち）は、聖書では神の最もふさわしい修飾語である。このことは聖書では神のことを呼ぶのに「生ける神」（ヨシ三10、詩四二3）という言葉が使われることに現れている。イスラエルの民の間では「ヤーウェは生きておられる」（士八19、Ｉサム一九6など）という言葉で誓いがなされる。「生ける神」は、「疲れることも力衰えることもない」（イザ四〇28）神の驚くべき生命力と、すべてを焼き尽くす情熱を暗示する。「いのち」は、このような神の特性であるから、最も貴重なもの、価値あるもの、生きるものを創る活きを指す。

この二つの言葉を合わせた「いのちの息」は、神の偉大な生命力と焼き尽くす愛（情熱）が息吹き、すべてのものを活かす霊力であることを象徴的に指すことになる。

2　したがって、人が「生ける者（ハイヤー・ネシャマー＝息をして生きる者）」となったのも、神の「いのち」（偉大な生命力・焼き尽くす愛の活き）に生かされて、掛け替えのない価値あるもの、聖なるもの、いのち・愛に溢れたものになったことを、象徴的に表現しているのである。このことと呼応するのが、創二15で言われているように、土地を耕し、園を守る活きをするようになる。神が生き、活くものであるように、それに呼応して、人間は生き、活くもの、具体的には、耕し・守り働くものである。また、動物に名をつけ（19節）、呼ぶ（20節）。名をつけ呼ぶ行為は、聖書では、親しく名を呼んで交わり合うことと、名をつけて支配することを意味する。

また、同書一六―二四に描かれているように、人は伴侶を見て、情熱的な叫びを上げるのも、神から与えられた生命力と情念を表しているのである。

「耕す」、「これこそ、私の骨の骨」も象徴言語である。なぜなら、これらの出来事は、もともと神の定め・わざであり、神の活きがあって初めて人間がなし得る業だからである。神が絶対的主導権を保ちながら、神は「道なる神」であり、人間を創り、導き、人間と同行二人しながら、人間に自由を与え、人間がこの自由を行使しながら、主体的に行動できるようにしておられる。神の同行二人に呼応して、人間は自主的に行動するのである。

このように省察してくると、「耕す」と「これこそ、私の骨の骨」の叫びは、もともと神の活き（神の生命・情念）の象徴的な表白である。

3　「人間（アダム）」と「土（アダマー）」はただ単なる語呂あわせではなく、ヘブライ的な言語感覚では、人間と土との近親性を現している。神は人間（アダム）を土（アダマー）から作られ、土に帰るように定めたのである。人間と土の近親性は神の定めなのである。(23)

4　「塵（アファル）」は、ʿāpāq 一10では「廃棄物の山」を意味し、価値のないもの、無用なもの、吹けば飛ぶようなものを指す。この言葉も、神の創造の活きの対象である、人間存在の無価値・無を象徴的に表現する言葉である。禅語「無・空」は抽象的な言葉であるため、象徴であることを見えなくしているが、「塵」は、感覚で捉えることのできる物であり、感覚から出発して、神の創造の活きの否定面を象徴的に示すので、認識しやすい利点を持つ。「塵」は、神が定めた、人間の形而上学的本質の否定面を指す。このことを示す神の言葉がある。神はアダムに言われた。「塵にすぎないお前は塵に返る」（創三19）と。「人間は動物に何らまさるところはない。すべては塵から成った。すべては塵に返る」（コヘレト三19—20）。人間は塵であるのだから、動物にまさるものではない、神のこの定めは、現代のエコロジー問題にとって大切な視点をわれわれに提供する。

このような事態を深く掘り下げて参究しよう。

シェケルによれば[24]、聖書の神は人間を探す神である。神は相手として人間を探し求める。このシェケル的視点からすれば、創造とは神の一方的な単独行為ではなく、常に相手を求めて人間を創るのだから、創造行為は神と人間との応答関係であることが観えてくる。この観点から観るならば、「塵」という現実は、人間が塵になることを指し、神の塵にする絶対的な活き（命令）に人間が従い、「塵」になることである。この「なる」行為を、応答関係に置けば、神の創造の活きを受け入れ、従って、塵になることを意味する。

5　「形づくる（ヴァイツェル）」は、陶器師が粘土で形作ることを意味する。神の創造の活きの比喩的表現である。神の活きは、形のない、その意味で形而上的な活きであるから、擬人的な比喩を使って、神を陶器師に見立て、奥義である神の活きを象徴的に語るのである。だから、この文章を身読するとき、あらゆる形あるものの領域を超え、形象を使う思考方法を捨て、道の形而上学的領域に入らなければならない。そのための最良の方法（Methohodos＝meta hodos 道に従う方途）は、道の活きと一つになって観る形而上学的思惟方法を身につけることである。

6　「主なる神」（ヤハウェ・エロヒーム）のヤハウェ（主）は、この文脈では創造主として人間・万物に対する絶対的主権と絶対的力を持った方を指す。

エロヒーム（神）は、出エジ三7―12から分かるように、ⅰ　民の苦悩を「見、聞き、知る」という人格的な方であり、ⅱ　「民をエジプト人の手から救い出す」ような、歴史を変革する活きをする方である。言葉を変えて言えば、上述した「生ける神」である。「生ける神」は神の人格性と、神の生き生きした活動性と絶対的な意志を含意しているからである。

形象的擬人的に描かれた人間創造物語では、ⅰ　塵で人の形をつくり、ⅱ　いのちの息吹を吹き入れる、ⅲ　人は生ける者となった、の三つの行為で描かれている。しかし、「主なる神」から観るならば、神の創造の一つの活きである。この物語を身読する場合、この三つの行為に従って身読して行くが、神の創造の活きは一つであるという視点を忘れてはならないだろう。

もう少し具体的な行の立場に立って省察すると、「人はこうして生きる者となった」(人間の肯定的面)という出来事を取り上げて霊操し始めていいし、「塵」(人間の否定的面)という現実から霊操し始めてもいいが、いずれの場合でも、常に創造は神の一つの活きであることを忘れてはならないのである。

次の二つの理由によって肯定的面から始めるのがよいと思われる。道元も聖書も人間の肯定的面から始めるからである。「現成公案」は第一節で真実在の肯定的面から説き始めている。聖書は第一の創造の物語で、一つ一つを創造した後、神は「よし」と思われた、と伝えているからである。

第二の理由は、この肯定的面の強調は、神・仏の人類・万物の救済の活きは、どこにも及んでおり、行の現場のどこでもいつでもこの救済の活きは満ち溢れているからである。

二　創世記二章７節の身読的解釈

上述したように象徴的言語で描かれた人間創造物語を、神の活きの観点から正しく読み解くためには、道元から学んだ、次のような身読的解釈学の方法によらなければならない。

ⅰ「道なる神」の充満する活きの真っ只中に生きることを信じ、

ⅱ「意根を坐断し、知解の路に向かわざらしめ」、

ⅲ「道なる神」の活きと一つにならなければならないのである。

このような三つの行為によって、「道なる神」の活きと一つになる者は、ギリシャ的な意識的自己の生存地平から行為的自己の地平への転換を遂行し、人間的理性の領域を捨て、智慧（般若）に満ちた広大無辺の神の救済の活きの領域へ入るのである。これこそ聖書記者が生きていた領域であり、そこで智慧（聖霊）に導かれて聖書を書いたのである。それだから、ヤーウェイストが智慧に導かれて創世記二７を書いたとき、不可説な神の活きを言表するために使った言葉は、智慧に教えられた象徴言語だったのである。後に参究するように、象徴言語のみが、不可説な神

の活きを表しうるからである。

このような象徴言語を読み解き、創世記を身読しうるのは、上述の三つの行為によって神の活きと一つになり、智慧に生き、智慧で象徴言語を解き明かす者のみである。

(1)「生きる者」の経験

イグナチオの『霊操』に従って創世記の人間創造の物語を身読する。
i まず、「道なる神」の充満する活きの真っ只中に自分は生きていること信じ、深く礼拝する。この礼拝は、イグナチオの霊操では、禅堂の礼拝よりも深い尊敬を表すものである。祈る場所に立ち、立ったまま礼をし、そして跪き、地に頭をつけて礼拝する。
ii イグナチオは霊操するときの姿勢については、規定せず、「自分の望むものが得られるなら、同じ姿勢を保つように」勧めるだけである(Ex. 76)。
私の長い経験から坐禅が神の奥義を参究するために最も適切なので、坐禅を使うことにする。坐禅に習熟するなら、歩くことも、語ることも、日常生活のあらゆる行動が坐禅となる。パウロは旅をして神の奥義を参究したと思われるが、パウロにとって歩くことが神観想であったと思われる。この観点からみるならば、坐禅は一つの範型に過ぎない。

　そこで、わが師大森曹玄老師の教えに従って、脚を半跏に組んで坐禅する。[25] 調身・調息・調心をする。「調」とは、身・息・心の働きを道の活きに調えることである。「調」の具体的方法は、拙著『瞑想のすすめ』三〇―九二頁に詳しく述べておいたので参照されたい。

　iii　坐ったまま、合掌し、すべての行為を「神のより大いなる栄光のため」に捧げる。（『霊操』Ex. 46、準備の祈り）そして、神が今ここで私を創造している現場に身を置き、神が私を創造しつつある奥義を悟らせてくださるよう祈る（同、Ex. 47と48）

　iv　本格的に呼吸を道の活きに一つになるように工夫しながら、丹田呼吸を深め、練っていくと、肚の底から深い呼吸が出てくるようになる。肛門を締めてすべての息を吐き切ると、肚の底から全く新しい息は湧き出でてくる。それと共に、あたかも根源から新しいいのちが湧いてくるようになる。そして、新しい息（いのち）を全身心に吸い込んで、全身心を満たす。

　吐き切り、肚の底から吸い込む、この呼吸を続けていくと、力みが解け、肛門はおのずと閉まるようになり、深くまろやかな丹田呼吸が現成してくる。そうすると、渾身が気力に満ちるだけでなく、「いのち」が漲り、身心のあらゆる能力が活性化される。理性の潜在的能力も活性化されることは注目されるべきである。よく集中した坐禅の行から出て、聖書を読むとき、智慧が働き、聖書の指針（奥義）がよく分かるようになるのも、理性の潜在能力が坐禅によって活性化されたからである。

このような坐禅によって達する境涯は、不可説であるから、人間的な概念で表現できない。なぜなら、私の努力によって作り上げた境涯ではなく、私の呼吸・いのちの働きが道の活きと一つになって現成した境涯だからである。それは、神と人間（私）の協働によって生まれた奥義である。このような境涯を象徴語「生ける人間」で表現しようと思う。象徴語「生ける者」とは、神の創造の活きによって現成しつつある〝生々と生きる人〟の奥義を指す。

そこで、この境涯を禅語（体験語）を使って表現しながら、さらに禅語を捨て、禅体験を超え、神的な不可説な経験に迫ってみよう。

この境涯の一面を最もよく表現しているのは、沢庵和尚が柳生宗則に教えた「無心のこころ」であろう。

それは、心に想念がなくなり、「総身に広がって全体に行き渡る心、どこにも置かぬ心、留まるところないこと」である。(26) この境涯は、剣道・相撲・テニスなどの一流選手が試合に臨む時の理想的な心境といっていいだろう。何事にもとらわれず、気力が全身にみなぎっているから、敵（相手）のどんな行為にでも即座に適切な対応ができるからである。

しかし、キリスト者の全身に気力が充満するときは、自ずから違ったニュアンスを帯びた境涯となる。

i「道なる神」の活きが全身に満ちてくるから、「神のより大いなる栄光」のダイナミズムに満たされる。

ii 神の智慧に満たされ、人間の全能力、つまり、気力だけでなく、理性・悟性・記憶力・想像力・五感・意志・愛情・愛などすべてが活性化される。注意すべきことは、「生きる者」の経験はいつも神の慈しみ深い活きに包まれていることである。

iii 日常生活に出るとき、世界の中で出会うすべてのものを正しく選択し、用い、より大いなる神の栄光を実現するように促される。

そのために、運動選手のみならず、勉学・著作・講演・経営などあらゆる社会生活の活動を活性化することができるようになる。

このような経験こそ、神の創造の活きによって活性化された「生ける者」の経験である。

ところで、「生きる者」の現成は、神と人間との協働である。このことは、上掲の人間創造の物語にたくみに表現されている。

テキストは表面的に見ると、主なる神が絶対的主導権をもって一方的に創造しているように見える。しかし、最後の文章は、「このようにして神は人間を生ける者として創造された」、のではない。「人はこうして生けるものとなった（イェヒ）」と言われている。注目すべきことは、人が主語であることである。その上、「生きる者」（ネフェシュ・ハイヤー）は、抽象的な人間一般を意味せず、個として〈息をしながら〉生きる実存を指す。この実存が主体的に生きる現実を指し示しているのである。

このように微妙に表現された創造の出来事は、上述したシェケル的視点から観るならば、人間の創造が神と人間の協働作業であることを暗示しているといえるだろう。人間創造とは、「いのちの息吹」を吹き込む神の活きと、その活きを受けて「人が生ける者となる」という人間の働きとの共同作業である、ことになる。

（2）「塵」の経験

上述した象徴語「生きる者」によって指し示されている境涯は、不可説で人間の概念では表現できないほど、包括的な経験である。なぜなら、それは創造主なる神の活きだからである。だから「塵」と「いのちの息吹」の活きも含まれていることは言うまでもない。そこで、この境涯を深めていって、まず「塵」の経験へ、そして「いのちの息吹」の経験へ達しよう。

そこでまず、大死一番の覚悟を持って肛門を締めて息を吐き切ることを続けていこう。「私は塵であり、塵に返る」現実を肚に据え、大地から吸い込み、大地に向かって吐き出し、吐き切る。神の創造の活きと一つになる覚悟を持って、呼吸を吐き切る。曹玄老師の教える「息を吐き切る方法（肛門を締めて、残っている息を吐き出す）[27]」は、「塵」の経験のために貴重な示唆を私に与えた。なぜなら、この行為を続けていくとき、塵・生きる者・いのちの息吹、息を吐き切るという思いなど、すべての想念はなくなり、自分からの能動的な働きもなくなり、「塵」の真実在があらわれ、証しするようになる。この証しにもとづいて、自分が「塵」であることを自覚する。

この「塵」の自覚をより深く参究しよう。

まず注目すべきことは、肛門を締め、吐き切る行為も、大死一番の覚悟も、人間の単独行為ではなく、「道なる神」の活きの充満のなかでの行為であるから、神と人間の協働行為なのである。大死一番の覚悟を持って肛門を締めながら呼吸を吐き切る行為は、神との協働行為である。塵に対する神の絶対的な活き（命令）に、人間が服従し、「塵」という現実を受け入れ、認めることである。身心の両方が神の創造の活きに従い、「塵」の現実を認め受け入れ、「塵」であることを自覚することである。「道の神」の活きの充満の中で、肛門を締めて息を吐き切る身体的行為は身体的死をもたらす行為である。この身体的行為と同時に、大死一番の覚悟を堅持する行為は、身心全体の死をもたらすのである。このとき、身と心の両方が、神の創造の活きに応答し、「塵」となるのである。このような参究は、理性による反省ではない。(28)

道元によれば、道の充満の中で仏法に従って坐ると、渾身は般若（智慧）となる。同じように、「道なる神」の充満の中で坐るならば、全身心は智慧に満ちてくる。だから以上の参究は、理性による反省行為ではなく、智慧にもとづく「参究」である。

以上のような「塵」経験が真正な神経験であることは、次のことから傍証される。

i　この経験は必ず深い敬虔の念を伴う。そこから、神を深く礼拝するようになる。

ii　そして、自分が何の価値もない者であることは疑いない事実である。「私は塵だ」と私が思っているのではない。その事実は認めざるをえないのであり、疑うことさえできない。

iii　そこから、おのずと謙遜になる。謙遜の念が起こるのではない。「道なる神」の活きによって「塵」になる現実が現前に成就しているのである。智恵に満ちた者に「塵」という現実はみずから現前する。塵の事実は疑えない現実である。だから、その現実にとどまるのである。謙遜は倫理的な徳ではなく、人間存在のあり方となる。

iv　注意すべきことは、「塵」の経験には必ず神の慈しみ深い活きに対するほのかな愛の念が湧いてくることである。創世記二章が伝える神は、暴君のように支配する神ではなく、幼子の鼻に顔を近づけて息を吹きかける母のように、塵から創られた人形《ひとがた》の鼻に「いのちの息吹」を吹きかける神であり、母的な慈しみ深い方であることは間違いないからである。

「人間が塵であり、塵に返る」ようにする神の活きは、絶対的な権能を持ったものであると同時に、深い慈しみから発した活きなのである。もし「塵」の体験が神の慈しみの感得へ導くものでないなら、それは真正な神体験ではない、あるいは、真正な神体験への途上にある体験である。

最も興味深い経験は、キリスト者が禅の作法に従って、真剣に坐禅すると、イグナチオが『霊操』N23「根源と礎[29]」で述べている境涯になることである。このことについては、後に参究する。

(3)「いのちの息吹」の経験

この経験は三つの段階を踏んで高まって行く。

1　「塵」の経験をさらに深めていくと、私が「塵」である現実は、恒常的な事実ではなく、神の活きによって一瞬一瞬「塵」になる出来事であることが顕になってくる。一瞬一瞬「塵」であり続けるという現実に直面し、一瞬一瞬塵にする神の絶対的な活き（命令）に私は服従し、「塵」という現実を受け入れ、認めざるをえない。一瞬一瞬「塵」になりつつある現実は、疑うことのできない真実在である。一つの不謬の神経験である。

このことは、創三19が伝える神の言葉「汝は塵であり、塵に返る」が証している。なぜなら、神の活きは、時間系列の出来事ではなく、一瞬の出来事だからである。一瞬にして「塵である」ものを「塵に返る」ようにさせつつあるのである。

「塵であり、塵に返る」という言葉を、人間的な空間・時間の枠組みに当てはめて、塵であったものが、塵に返る過程と見てはならない。神の活きは人間的枠組みを超えた瞬間の出来事である。神学的用語で言えば、創造の活きは瞬間的な「延長する創造（Creatio continua）」である。トマス・アクイナスは、創造された人間の存在は持続すると考えるが、マイスター・エックハルトは一瞬一瞬創造され続けると観る。[30] 聖書のこの言葉から言えば、エックハルトの方に軍配が上がると言わなければならないだろう。

さらに一歩を進めて、「いのちの息吹」の経験へ向かって行こう。

2　「生ける者」の経験と「塵」の経験の後に「いのちの息吹」の経験に至るのはそれほど困難ではない。なぜなら「いのちの息吹」なしに「生ける者」の経験も「塵」の経験も生まれないからであり、両者の経験は「いのちの息吹」によって現成し、基礎づけられているからである。ことに一瞬一瞬の「塵」の経験が恵まれると、容易に「いのちの息吹」が経験される。一瞬一瞬の「塵」経験の現場に立つと、一瞬一瞬「塵」が「生きる者」に創り変えられつつある不可思議な現実に直面する。不可思議な現実は、不可思議なるがゆえに、私に鋭く「なぜ」と迫ってくる。その時、どこから来るか、どこへ行くか知らないけれども、「なぜ」の問いに応ずるが如く、見えない「チ」（生命の根源）が現れ、自らを証しする。「チ」は日本語の古語で、神的な「チカラ（生命の根源）」を端的に指す。

その証しは神に由来するから、疑い得ないものである。これこそ、聖書記者が「いのちの息吹」という象徴語で表現したものに外ならない。このようにして恵まれる「いのちの息吹」の経験は、疑い得ない一種の神経験である。その証拠として、「いのちの息吹」の経験の直後、これまでよりも深い敬虔の念が肚の底から湧いてくる。それと同時に、常に慈しみ深い神の活きに対するほのかな愛の念が伴って湧いてくる。

あるときは、圧倒的な神の力（絶対的権威）の前に平伏せざるをえなくなる。それを長年続けて行くと、「アカタミエント[31]（愛・奉仕を伴った敬虔）」に包まれることがある。アカタミエントは、晩年イグナチオが霊性の高みに達したとき、それまで「うたがわない、疑うことができない」という知的な面を神体験の明証性の判断基準にしていたのを改めて、底知れない情念に属するアカタミエントを神体験のより確実な明証性の判断基準にしたのである。

「いのちの息吹」は神の活きだから、人間の眼に見えるものではなく、知覚できるものではなく、人間知性によって捉えられるものではない。神から与えられた智慧によってしか知りえない。幸いわれわれはこの霊操の初めから「道の活き」の充満の中で行じ、調身・調息・調心の初めから「塵」・「いのちの息吹」の経験にいたる全過程のなかで終始一貫して「道の活き」に一つになる行を続けてきたのであるから、全身心が智慧（sapientia）となっていることは間違いない。
　3　さらに、共同体と共に坐禅し続けていると、共同体と共に、さらには共同体の枠を超えて、人類全体と一体になって坐れるようになり、さらに坐り続けていくと、万物と一つになって坐れるようになる。そのときの境涯は、道元の用語を持って表現するならば、「尽十方世界」の真っ只中で坐っているといえるだろう。注意すべきことは、「尽十方世界」とは、空間的に無限の広さを意味していない。一つ一つのものに出逢いながら、一つ一つのものと一つになり、それを無休に続けていくときに開ける境涯である。この無休の動性を貫き現れるのが、万物を「活かす息吹」である。「それ」が立ち現れると、深い敬虔が湧き出てくる。それを長年続けて行くと、一つ一つの物に対して「アカタミエント」に包まれるようになる。なぜなら、一つ一つは神の創造の活きが現成する現場だからである。神においては存在と活きは別ではない。活きの現場に神は現前している。
　この一つ一つの物に対する「いのちの息吹」の経験は、「生きる者」や「塵」の経験のときよりもより深い敬虔が湧き、より長く持続し、神に対してだけでなく、万物の一つ一つに対して「頭がおのずと下がる」ようになる。そこからより深い謙虚が生まれる。神の前で自分が価値のない者であることは疑えない事実であるだけでなく、一つ一つのものの前で、自分が「塵」である事実に立つようになる。さらに、すべてのものの一つ一つと協働しながら、神の栄光に奉仕するようになる。

三　道元思想との構造的類似性

以上のような人間の創造の神の活きには、道元の仏の活きと似た構造的同一性が見られる。まず、「塵」は人間の真実在の否定面であり、道元の無自性に呼応する。両者は内容的にも類似する。無自性とは存在の根拠を持たないこと、一瞬一瞬滅びるものであることを指すからである。

「生ける者」は人間の真実在の肯定面である。道元の言葉で言えば、仏法（仏の御いのちに活かされたもの）である。万物の一つ一つ、人間一人ひとりは仏のいのちの現れなのである。

「塵」と「生ける者」は、一つのコインの両面のように、神の創造の一つの活きの両面である。人間は塵のように無価値で、自分では生きられない、滅びるものでありながら、神のいのちの息吹（偉大な神的生命力）によって生かされて、神的なもの、掛け替えのない者である。「いのちの息吹」は「仏の御いのち」（「生死」巻）に呼応する。

「いのちの息吹」は、後に聖霊と呼ばれるようになるが、神の御いのちの驚嘆すべき活きを象徴的に指す。神の偉大な活き（息吹）が「塵」に吹きこもられると、「塵」は神の御いのちによって「生きる者」となる。この神的息吹は、一瞬一瞬「塵」を「生ける者」にしている限りにおいて人間に内在しながら、同時に無限に超越する。人間におけるこの息吹（聖霊）の内在と超越は微妙な問題で、頭で考えた空論になりがちなので、ここではこれ以上深入りしないことにしよう。この「いのちの息吹」は、道元の「仏の御いのち」に呼応する。

四　創世記二7と「根源と礎」（『霊操』Ex. 23）の比較

『『正法眼蔵』参究』で予告しておいたように（二一〇頁）、この創世記と霊操の二つのテキストは、共に神の創造の活きを語っているのだが、前者は神中心主義の立場から神の主導性の観点から創造の活きを観るのに対して、後者はルネッサンス的な人間中心主義の立場から創造の活きを観る。両者において、神の活きと人間の働きはどうかかわり合っているのだろうか。これが、これからわれわれが参究すべき課題である。

Ａ　創世記の人間の創造物語における、神の主導的活き。

創二7の人間創造の物語では、神は一貫して主導権を握り、人間を創造する。土の塵を捏ねて人間の形を造り、その鼻にいのちの息吹を吹き入れられる。しかし、創造の結果を物語るとき、文章の主語は神から人間に変わる。「人間はこうして生きる者になった」。それから、人間が活動しだす。しかし、神の主導の下においてである。神は一人で居るのはよくないと思って、塵から動物を作り、彼のところに連れて行くと、人はそれに名前をつけ、呼ぶが、伴侶とはならなかった。そこで、人を眠らせ、あばら骨をとり、それで、女を作り、人のところに連れて行くと、感嘆して、女（イシャー）と呼ぶ。そして「男は父母を離れて女と結ばれ、二人は一体となる」というみ言葉が続く。

動物に名を、女に名をつけて、呼ぶ行為は、人間の自主的な働きである。拙著『道の形而上学』第三部の参究で判明したように、聖書の神は、共にいて、共に行為し、常に同行二人する「道なる神」である。人間の「名をつけ、呼ぶ」行為も、神の活きと共になした人間の働きである。こう観てくると、これらの人間の自主的行為は、神と人間の協働のわざであることが分かる。アダムが罪を犯すと（創三）、事情は徐々に変わってくる。洪水の後、天まで届く塔のある町を建て、有名になろうとし、「バベルの塔」を構築する。これこそ、神不在の現代の人間のわざの象徴である。神の主導権を無視し、神の意志に反して、巨大な建造物を打ち立てた結果、言葉の「混乱（バラル）」が起き、全地に散らされている。「バベルの塔」建設は、神不在の人間の最も主体的な行為に見えるが、実は聖書の神は絶対的な主導権を握る「主」であるから、これらの神にそむく行為も、神の主導的活きの下でのその活きに叛く自主的行為なのである。

総合的に見ると、創世記の物語では、神が常に主導権を握り、その主導の下で人は行動する。神は創造主であり、人間はあくまでも被造物である。

B　『霊操』の「根源と礎」では人間は主導的に働く

「根源と礎」のテキストを引用し、それを詳しく検討しよう。A. Chapelle の研究[32]に基づいて、スペイン語の原文（イグナチオ作）に基づいて三つの文章にわけ、さらに文意に基づいて次のような構造に分けて引用する。

（Ⅰ）

a　人間は創造されつつある。それは、主なる神を讃美し、敬い、仕えるため、また、それによって、自分の魂を救うためである

b　さらに、地上の他のものが創られつつあるのも、人間のためであり、人間が創られた目的を達成する上で、それらのものが人間を助けるためである。

c　従って、人間は、それらのものが自分の目的を達成する上で助けとなる度合いに応じて、それらを用いる必要があり、妨げとなる程度に応じて、それらを放棄しなければならない。

（Ⅱ）そのために、

a　われわれは、自分の自由意志に委ねられ、禁じられていない限り、すべての被造物に対してわれわれ自身を不偏にする必要がある、

b　それを具体的に言えば、われわれの方からは、病気よりも健康を、貧しさよりは富を、不名誉よりも名誉を、短命よりも長生きなどを好むことなく、

c　ただわれわれが創られた目的へよりよく導くものだけを好み、選ぶべきである。

テキストの成立過程

このテキストは、現代の多くの霊操研究者の意見では(33)、イグナチオの創造する神経験から生まれたものである。それを言表するときに、スコラ哲学的な用語が使われているために、スコラ神学のテーゼのように受け取られ、理性を使った考察として実践されてきた。私も約六十年前に修練院でアルペ神父の指導の下にこの霊操を理性的考察として実践した。しかし、その後の霊操研究によって、このテキストはイグナチオの神経験から生まれたことが知られるようになった。その上、ルネッサンス期に生きたイグナチオは、当時の人のために創造の神経験を、聖書的な神中心主義的には書かないで、人間を主役において人間中心主義的に表現した。

このテキストがイグナチオの聖書に基づく神経験から生まれたものであることは、われわれ現代の読者に生存地平の転換を迫ることになる。なぜなら、聖書の神は「活く神（Deus Agens）」、いつも動的に共存し、動的に活動する主体であり、人間も働く主体である。西田哲学の用語で言えば、聖書の神も人間も行為的自己なのである。それに対して、現代のわれわれは意識的自己である、つまり、まず理性で考え、判断し、正しい判断にもとづいて行動するのである。このような生存地平に住む現代人は、書き手も読み手も行為的自己の地平に住む人間によって書かれたテキストを理解できない。そのようなテキストを読むためには、意識的自己の生存地平から行為的自己の生存地平への転換が必要である。

そこで、イグナチオは、霊操に入ろうとする者に対して「大勇猛心と創造主に対して惜しみなき心で霊操に入るように」（Ex. 4）勧めるのである。私の指導のもとで、このような心構えをもって霊操に入った人は、例外なく意識的自己の地平から行為的自己の地平に転換し、「根源と礎」でイグナチオが教えていることを実践し、身につけて行動できるようになった。

そこで、文法の観点から見ると、主文の主語は人間であるから、人間が主役のように見える。神の活きは、文法用語で言えば、受動詞（「創られる」）と目的従属文（「神を讃美し、敬い、仕えるため」）で間接に示されているから、神は隠れて人間のあり方と活動を導いているといえる。その意味で神は隠れた主役である。人間は表舞台の主役である。神が隠れた絶対的な主導権を握っていることは間違いない。この点は、このテキストを解釈する上で、重要な鍵である。

このようなテキスト成立の由来から神の活きと人間の働きとの関係は、聖書のように神の一方的な主導ではなく、神の活きが隠れ、人間の働きが主役になることで、現代人に受け入れやすくなっている。さらに、本来神の活きは不可視なものであり、隠れているのだから、本来の表現であると言えるだろう。

拙著『『正法眼蔵』参究』で重要テーマであった「神の活きと人間の働きの微妙な関係」はこのテキストではどうなっているのだろうか。この疑問を肚に据えて、このテキストを解釈していこう。

文章構造からダイナミズムを読み取る

（I）a、b、の文章を注意深く読むと、創造のダイナミズムが浮かび上がってくる。人間と世界の全被造物は、「主なる神を讃美し、敬い、仕えるために」という究極目的を志向し、すべての活動をこの究極目的へ向けるように秩序づけられている。以下の文章で、人間と他の被造物全体がこのダイナミズムの究極目的を基準にして行動するように秩序づけられている。神がこのように人間と万物を創られたのは、人間・万物を限りなく愛しているからである。人間と万物を貫くダイナミズムは、一つの愛の根源的志向性である。この根源的志向性は、分節化して、「讃美し、敬い、仕える」の三躍動に分かれる。それゆえ、この三つは、愛に貫かれており、相互に緊密に結ばれている。イグナチオはこの三躍動を標語「より大いなる神の栄光のために（Ad majorem Dei gloriam）」に要約したので、以下この標語を使う。

イグナチオの神経験に即してこのテキストを身読してみよう。イグナチオは神の創造の活きの中に招き入れられ、上述のダイナミズムを経験し、それを基準にして、行動するようになった。同じように、霊操するわれわれも神の創造の活きのなかに招き入れられ、同じダイナミズムに動かされ、それを基準にして行動するように導かれる。

私は上述のように創世記二7の身読によって創造の経験に導き入れられた。その神経験を反省すると、私の全存在は「主なる神を讃美し、敬い、仕える」ダイナミズムに貫かれ、それを実現するために全力を尽くすだけでなく、この究極目的を基準にして物や物事のすべてを使いこなし、「より大いなる神の栄光」のためにすべてのことをなして行こうとのダイナミズム（力動性）に全身心が満たされ、貫かれているのを自覚する。このダイナミズムはもともと創造の活きによって人間の真実在に刻まれていたものが、創造の活きと一つになる行によって活性化され、全身心に現れ、自覚できるようになった。しかし、修行から日常生活に入っていくとき、この自覚は意識のレベルでは消えるが、ダイナミズムそのものは残っていて、私の活動を導いている。このように省察してくると、テキストが伝えることは、神の創造の活きによって規定された、われわれ人間の真実在のダイナミックなあり方であることが分かる。

Iaの第二文「それによって、自分の魂を救うためである」の「それによって」は、「神を讃美し、敬い、仕えることによって」を指すから、自分の救いさえも、神のより大いなる栄光を求めることを通して達成する、という意味となる。

Ibのテキストが述べることも、神の創造の活きによって規定された、全被造物のあり方なのである。全被造物は人間が究極目的を達成するために人間に提供された助け手なのである。だから、現代世界を支配する合理的理性が考えるように、地球上のすべてのものは、人間が勝手に使って自分の目的を達成するための手段ではない。

人間と他のすべての実在は、神の善性(34)（すべてのものの根源）から生まれでて、神の善性（究極目的）へ帰っていくように定められている。

テキストは述べる。「地上の他のものが創られつつあるのも、人間のためであり、人間が創られた目的を達成する上で、それらのものが人間を助けるためである。」人間は、創二7と同じように、このテキストでも、創造の中心である。すべての他の被造物は、人間を通して「神のより大いなる栄光のために」という究極目的を目指している。「それらのものが人間を助けるためである」というテキストに注意しなければならない。この文の主語は他の被造物で、どれだけ助けるかは他の被造物が提供するのである。人間がそれらの物を自分の好みで恣意的に使うのではない。他のものが提供する助けを見て、それらをどれだけ使うか人間が決める。しかも、どれだけ使うかを判断するときに、基準になるのは、「神のより大いなる栄光」という究極目的である。それは、テキストが明確に指し示している。「目的を達成する上で助けとなる度合いに応じて、それらを用いる」（Ic）と。

この基準に基づいて、「Tantum Quantum（助ける度合いに応じて、用い、妨げとなる度合いに応じて、捨てる）」の原則が生まれる。

以上テキスト（Ⅰ）が述べていることは、主なる神が定めた、人間と他の被造物のダイナミックなあり方である。以下（Ⅱ）でこの神の定めに基づいて人間はどのように行動しなければならないか述べられる。

（Ⅱ）aとbのテキストは、有名な「不偏心（Indiferentia）」の必要性を説く。人間は、普通の状態では執着の塊である。最も悪い執着は自己愛とそれに基づく自己無知である。仏教における自己反省は、自己は自分に執着するゆえに、自分の本質への根本的無知に陥っていることを鋭く剔出し、「無明」と名づけた。自己の本質とは、無自性、つまり自分自身には存在する能力がないことを指す。聖書的な言葉で言えば、「塵」である。

イグナチオの不偏心は、心だけを不偏に保つだけではなく、すべての執着、自己愛、無明さえも取り除き、人間全体を不偏にしなければならない。スペイン語の原文「es menester hacernos indiferentes（われわれを不偏にする必要がある）」はこの意味である。

テキスト（Ⅱ）bは、この不偏心を具体的な状況の中でどのように保つか、を説く。

「それを具体的に言えば、われわれの方からは、病気よりも健康を、貧しさよりも富を、不名誉よりも名誉を、短命よりも長生きなどを好むことなく。」

最後に、（Ic）のテキストは、最もイグナチオ的な原則を述べる。「ただ（solamente）われわれが創られた目的へよりよく（más）導くものだけを好み、選ぶべきである。」「ただ……だけ（solamente）」は、具体的な個々の選択において一心に神の栄光だけを追求するイグナチオ的霊性の徹底性を示している。また、「よりよく（más）」は、「神を讃美し、敬い、仕える」という人間の究極目的に向かって人間が躍動している様を指し示しているのである。人間をこのように躍動する存在として捉えるところに、イグナチオ的人間観が現れているといえるだろう。

五　私の身読的解釈の反省

私がアルペ神父の指導の下に「根源と礎」の霊操を理性による考察として実践した。このような霊操では、自分の執着・自己愛・無明を取り除くことはできない。それ以後、修練院の二年間、哲学の三年間、中間期の一年間、神学の四年間、自己愛を取り除こうと努力したが、不可能であった。アシェ師の指導の下の十か月間の第三修練期でも適切な方法は教えられず、この問題は未解決のまま残った。

ところが、禅修行に全力で打ち込むようになって、徐々に自己愛から脱却するようになったが、まだ無明の呪縛から逃れることはできなかった。修行が完成に近づくにつれ、ようやく呪縛から解放されることができた。それと共に、創二7を身読し、「塵」の経験に恵まれ、一瞬一瞬の「塵」の経験に恵まれることによって完成された。

この経験から言えることは、創二7と「根源と礎」を理性だけで解釈するだけでは、真に読んだことにならないということである。これらのテキストを正しく解釈するためには、どうしても全身心を投入しての身読が必要である。

２　私は、前著『『正法眼蔵』参究』を書くために、道元の教える通りに坐禅をし、上述の三つの行為を遂行し、道の活きと一つになり、渾身を般若で満たし、「現成公案」を身読し、解釈した。「現成公案」は、道元が坐禅して、渾身を般若にして、道の活きと一つになって、般若に教えられた言葉を使いながら書き上げたテキストである。同じように、『正法眼蔵』を読む私は上述の三つの行為を遂行し、道の活きと一つになって、全身心を智慧で満たし、智慧に導かれて、智慧で書かれた「現成公案」を読み解くことができたのである。

私は聖書を身読するとき、道元の仏教的信仰の代わりに「道なる神・キリスト」を信じ、仏道の代わりに「道なる神・キリスト」の活きと一つになり、般若の代わりに神の智慧に満たされ、『正法眼蔵』の代わりに聖書を解釈するのである。このようなことが可能なのは、上掲書で示したように、『正法眼蔵』と聖書、道元の道とキリストの道は、異質同型的構造を共有しているだけでなく、質的同一性が見出せるからである(35)。

「現成公案」の第一節は道の活きの肯定面を説き、第二節は否定面を説く。第三節は、実在の肯定面と否定面を踏まえて、道がこれらの両面をはるかに超えて活くことを説き、修行者はこの道の活きと一つになり生きてゆくのである。

「現成公案」の第一・二・三節で道元は真実在（道元の用語では「正法」）のあり方を説き、第四節から終節まででこの真実在に依拠してどのように修行を実践していけばよいかを説いている。

ところで、初心の修行者は、この真実在とは自己・万物の真のあり方であることを悟っていない。そこで、祖師の言葉を通してその実在を理性で知り、それを信じて、修行に打ち込んで行く。このとき重要なことは、道元の言葉「修せざれば、現れず、証せざれば、うることなし」（「辨道話」）である。なぜならば、修行するならば、真実在（正法）は現れ、真実在が自らを証して来て、修行者は真実在を受け入れ、真実であると悟るからである。この過程を、信―行―真実在の顕現（現と証）―証悟体験と図式化することができるだろう。

「現成公案」を正しく解釈するには、信じ――→行じ――→真実在の顕現――→証悟体験の過程を経なければならないこととなる。

「道は、広大無辺な活きによって宇宙全体を貫き、宇宙の隅々まで遍満している。坐禅とは、道のこの活きと一つになり、無心に遊ぶがごとく、宇宙全体を自由自在に遊戯《ゆげ》することである。[36]」このような「宇宙遊戯」をどのように実現することができるかを、道元は「現成公案」の第四節から最終節でわれわれに教えている。

このような「現成公案」を正しく解釈するためには、身心学道の路しかないことは明らかだろう。

第四章　身読的解釈学の最大の特性

——行の解釈学的機能——

一　道元の行の解釈学的反省

身読的解釈学が理性だけで行う解釈学と異なる点は、テキストを正しく解釈するために、どうしても全身心を挙《こ》して修行しなければならない点にある。ではどうして解釈のために修行が必要なのだろうか。第一の理由は、解釈の対象が人間理性では認識できない奥義だから、理性を使って解釈できないからである。第二の理由は、修証、つまり行と証は、もともと本証（仏法）であり、本証の現れだからである。行ずるということは、本証の現れであるから、本証と同じ本性をもっている。だから、行ずれば、本証が現れ、証してくれるのである。そこで、道元は、「行ぜざればあらわれず、証せざればうることなし」と説くのである。別の言葉で言えば、真実在（仏法・本証）は隠れた奥義であって、修行者が真実在の活きと一つになって行ずる時にのみ、真実在は現れて来る。このときの修行者の行は、仏の本証の活きであると同時に、仏法（本証）である修行者自身の現れである。道元の機応同時説から言えば、共に本証である仏の応と自己の機が同時現成するのである。これは、仏道向上者（熟達者）の観点からの説である。

行と証とのこの関係を、『学道用心集』に基づいてより詳しく検討しよう。学道を始めようとする初心の修行者の観点から、『学道用心集』3「仏道はかならず、行によって証入すべきこと」（V、一九頁）で、道元は次のように教えている。

仏の言《のたま》わく、行ずればすなわち証その中にありと。
未だかつて行ぜずして証を得る者を聞くことを得ず。
識るべし、行を迷中に立て証を覚前に得ることを。
これ仏の強為にあらず、機の周旋せしむる所なり。
いわんや行の招く所は証なり、自家の宝蔵外より来たらず、証の使う所は行なり。

第一・二文は、『辦道話』と同じことを肯定的に言っているに過ぎないから、説明は不要だろう。ただ表現に少し違いがある。行ずれば、証は必ずその中にある、と。行の中にすでに証があることを指摘している。このニュアンスの違いは続く文章で説明されている。

第三文は、「識るべし」と道元は注意を喚起している。なぜなら、修行上大切なことが述べられているからである。しかも、そこには道元独自の見解が述べられているからでもある。

前半「行を迷中に立て」とは、初心の修行者の意識からすれば、迷いの中にいると思っているが、迷悟にとらわれることなく、迷いの中で一心不乱に坐禅していくならば、という意味である。

後半「証を覚前に得ること」とは、自己は本来すでに道の活き（本証）の真っ只中にいるのだから、証悟体験（覚）を得る前に、すでに証を得ているのである。

第四文は第三文の理由を説明する。第三文で述べたことが起こるのは、「仏の強為にあらず」、つまり、仏が無理に強制的に修行者にやらせているからなのではない。

「機の周旋せしむる所なり」、つまり、修行者はすでに仏法そのものだから、坐禅をすれば、おのずから仏法が活きだし、修行者の機（活き）として立ち現れてくる。

修行者の機の微妙な活きを「周旋」という言葉で表現している。「周旋」とは、i　たちまわる、事をとりおこなう、ii　取り持つ、iii　追いかけあう、iv　めぐりまわる、という意味である。[37]そこで、「機の周旋せしむる」とは、修行者が立ち回り、仏の活きとめぐり合い、その活きを取り持ち、事をとりおこなっている、という意味である。

道元は、仏と修行者の活きの関係をさらに第五文で説き進める。「自家の宝蔵外より来たらず」とは、修行者はすでに仏法そのものだから、自分の家に仏の活きの宝蔵を蓄えている、という意味である。仏法の活きである本証は外から働きかけてくるのではなく、修行者の中から本証が湧き出てきて、証上の修として行が現れる。行はもともと本証の現れだから、行を続けていけば、証がおのずから現れてくる。このような事態を道元は「行の招く所は証なり」と表現する。行が現れてくるのも、もともと自家の宝蔵である本証が活き、本証が修行者を行に向かわせるから、本証が行を使って修行者を導いていることを、「証の使う所は行なり」と表現するのである。

行が証に対する活きを、道元は「招く」と表現し、証が行に対する活きを、「使う」と表現する。ここにも、道元の仏に対する深い宗教心の現れを観ることができるだろう。「使う」は本証の能動性と主導性を、「招く」は、修行者が本証に対する尊敬の念をもって招き寄せる行為を表すからである。

しかも、この「招く」という言葉が、現代の解釈学的観点から観るときに、行がテキストの解釈に及ぼす大変大切な活きを指示している。なぜなら、行が招く「証」とは、解釈学的な用語で言えば、テキストが指示する（significant）真実な実在を証《あか》しすることだからである。

この事態を具体例で省察すればより明瞭になる。

たとえば、「現成公案」の第二節「万法ともにわれにあらざる時節、惑いなく、悟りなく、諸仏なく、衆生なく、生なく、死なし」を取り上げよう。第十節で道元が舟の暗喩を使いながら説いているように（上掲書、四二頁）、理性で考えることをやめて、坐禅によって仏の衆生済度の活き（舟）と一つになるとき、はじめて「万法ともにわれにあらざる」真実在の道理が証しするようになる。その証しに基づいて、正しく坐禅する人のみがこの真実在の道理に目覚めることができるのである。この真実在の道理を招き寄せるのは、智慧によってではなく、坐禅という行によってである。この真実在の道理に目覚めるためには、行によって真実在が現れるようにしなければならないのである。真実在が表れ、みずからを証《あか》しする。その証しによって、坐禅する人は真実在に目覚めるのである。その消息を、道元は「証せざれば得ることなし」と言ったのである。

二　行の解釈学的機能の発見の画期的意義

西洋で発達した解釈学はこれまで人間の理性でなされて来た。プラトン・アリストテレスの知性・意志中心思想の枠組みのなかで、西洋の解釈学は発達して来たからである。

しかし、身学道をひたすら歩んだ道元は、釈尊・祖師がたの言葉がもともと渾身で行じて悟ったことを言葉で表現したものだったので、その言葉を解釈するために、全身心を投入して身読し、解釈しなければならなかったのである。つまり、釈尊・祖師がたの言葉を解釈するために、身読的解釈学が必要だったのである。

それだけではない、上述したように、さらに道元は、自分の身読した方法を反省し、行が解釈上で積極的な活きをすることを発見し、その根拠を示したのである。これは宗教的テキストの解釈の歴史の上で画期的な業績であるといえるだろう。このことは、特に聖書やパウロのテキストを解釈する際に、道元のこの知見を適用して、行の解釈上の重要不可欠な機能を活用するならば、聖書解釈が一変するような画期的な出来事が起こることになる。すぐ後に参究するように、パウロが説く「神の霊による解釈」は、今までの聖書解釈の歴史の中で前人未踏の分野であったものが、道元のこの知見を適用することによって新しい画期的な一歩が踏み出されるからである。

三　『霊操』の聖書解釈と行の解釈学的機能

実は、西洋においても聖書解釈の上で修行の必要性をつとに実行していた人がいたのである。イグナチオ・デ・ロヨラこそそのような人物の一人であった。彼は、自らも実践し、他の人にも教えてきた『霊操』（拙訳、岩波文庫）において、正しく聖書を解釈する上で、実践（Exercitios）が不可欠であることを説いているのである。しかし、行の伝統のない西洋世界では、イグナチオが『霊操』で説く聖書解釈の道は、解釈学の正道にはならなかった。

私は、幸いに道元から身学道を学ぶことができたから、西洋の解釈学的方法の理性中心主義の欠陥に気づき、イグナチオがなした行の解釈上の画期的意義を発見することができた。

まず、『霊操』の具体的な実践に坐禅を導入することは、イグナチオの精神に最も適合するものであることを証明しておこう。

イグナチオは霊操の実践のときの姿勢について次のように教えている。

観想に入る時は、ひざまずくなり、地にひれ伏すなり、仰向けになるなり、坐ったり、立ったりして、自分の心から望むものを探し求める心構えを常に抱きつづけることが大切である。この際、次の二点に注意すべきである。第一に、ひざまずいて、自分の望むものが得られるなら、決して他の姿勢に移ってはならない。同じくひれ伏していて、自分の望むものが得られるなら、その姿勢を守る。第二に、ある要点において自分の望むものを見出すなら、自分の満足するまで次に進もうとあせらず、そこに安らうようにする。（Ex. 76）

この文から分かるように、イグナチオは霊操中の姿勢について自由な態度を保っていることが分かる。どんな姿勢をとるかは、霊操者の意志に任せていた。したがって、坐禅を霊操に導入することは、イグナチオの精神に反しないことは明らかである。

その際、付け加えられている二つの注意事項を注意深く読むなら、坐禅の導入はむしろ歓迎すべきものであることが分かる。第一の点は、二つのことが含まれている。一つは、姿勢を変えないことと、二つ目には、「自分の望むものが得られるなら」という条件がついていることである。不動の姿勢を保つために、坐禅ほど適切な姿勢はない。また、「自分の望むものを得る」ために、坐禅こそ最良の方法なのである。このことを知るために、「自分の望むもの（lo que quiero）」の「望む（querer）」いう動詞の意味を吟味する必要がある。

この「望み」は、各霊操の第二前備で必ずなされる祈り「心から望むものを願う」の中で出てくる「望む（querer）」（Ex 48, 55, 65, etc.）に呼応するものである。イグナチオはEx. 48でより具体的に次のように注解している。

願いは霊操の内容に即してなされるべきである。御復活の観想なら、歓びに満ちたキリストと共に歓ぶことを願い、御受難なら、苦しみさいなまれるキリストと共に痛み、涙し、苦しみさいなまれることを願う。

スペイン語「Querer（望む）」は、自然に自発的に起こる望みを指す。この「望む」は、人間的な願望を指すのではなく、霊操者がキリストの受難を観想しようと真剣に取り組むときに、道の活きによって霊操者の心におのずから起こってくる願いを指す。

「道の形而上学《キリスト テオ・ロギア》」の観点からこの願いを省察するならば、この望みは、「道なるキリスト」が御受難を観想しようとする霊操者のうちで活《はたら》いて、「苦しむキリストと共に苦しむ」ことを望ませているので、霊操者の心に自ずから生まれるものであることは明らかである。だから、この望みは、「道なるキリスト」が霊操者の心に起こしてくれた超自然的な願望なのである。霊操者は「霊動辨別の規則」(Ex. 313-336) にもとづいて反省するなら、この望みが「神からの賜物」であることを知ることができる。もし反省しなければ、「自ずから心に浮かんだ望み (querer の本来の意味)」と思うに相違ない。道元によれば、坐禅は、道の活きに動かされた修行僧がひたすら道の活きに従ってなす行なのである。キリスト者がこのような性格を持つ坐禅で霊操を実践するなら、坐禅はひたすら「道なるキリスト」の活きに従ってなす行となる。このようなキリスト者は、当然「苦しまれたキリストと共に自分も苦しみたい」と一心に願い、真剣に全身を霊操に投入して修行するならば、神から豊かな恵みを受ける。具体的に言えば、恵みは霊操者の心の中に起こる霊動という形で現れる。

イグナチオの、『霊操』の指示に従って忠実に修行し、『霊操』によって聖書を解釈する方法は、聖書解釈上画期的な新たな一歩を歩むことになる。

その最も典型的な霊操は「謙遜の第三段階」（Ex. 167）である。まずテキストを引用しよう。

もし、等しく「神聖なる威厳に満ちた方」の讃美と栄光になるならば、われわれの主キリストに一層倣い、実際上も似た者になるために、貧しいキリストと共に富よりも貧しさを望み選び、侮辱に飽かされたキリストと共に名誉よりも侮辱を望み、無用な気狂い（Vano y loco）とみなされたキリストのために、自分もこの世の智者、賢者と思われるよりは、無用な気狂いとみなされることを望むのである。

イグナチオは注意第三（Ex. 164）でこの霊操の重要性を次のように述べる。

われわれの主キリストの真の教えに心から動かされる（Affectarse）ために大いに役立つことは、次に述べる「謙遜の三段階」を一日中たびたび考察することである。

文中の「真の教え（La vera doctrina）」は、文脈から明らかなように、教義的な教えではなく、キリストの福音が教えた神秘的真実在を指す。最も近い文脈では、「二つの旗の黙想」の中で、キリストが使徒・弟子・あまたの人を選び出し、「聖なる教え（Sagrada doctrina）」（Ex. 145）を広めるために、全世界に遣わされた」という文中の「聖なる教え」と同じである。この教えは福音の伝える神秘的な真実在を指す。そうだとすると、引用した「謙遜の第三段階」は、キリストの福音が知らせた神の神秘に入れていただく恵みを得るために最良の方途だということになる。

事実、イグナチオはその生涯でたびたび「謙遜の第三段階」を実践し、そのたびにキリストの神秘の中に引き入れられる経験をした。二例だけを挙げておこう。

エルザレム滞在中、屈強な男が彼の腕を乱暴に捕まえたので、彼はその男の連れて行くままに身を委せた。その男に捕まえられたまま、歩いていく間、キリストがいつも彼の上を見守っているのが見えたので、われらの主から大きな慰めを受けた。それは、修道院に着くまで、ずっと溢れるばかりに慰められ続けた。（拙訳『ある巡礼者の物語』岩波文庫、N47）

もう一つの例。エルザレムの帰り道、フェラらからジェノバに向かう途中、フランス軍と皇帝軍の戦闘の真っ只中を彼は平気で進んでいった。スパイに間違えられて捕まり、蔑まれ（N52）、指揮官から気狂いとみなされ（N 53）、「キリストが兵士につれていかれる場面の表象が顕れた。深い歓びと満足に包まれた」（N 54）。

これらの慰めは、「第二週のための霊動辨別の規則」（Ex. 328-336）によれば、「真の（Verdadera）慰め」と言われるもので、自分の中にこもりがちな主観的な体験ではなく、神の真実在から発したものだから、感情的な反応から自由で、霊的戦いに備え、神・キリストとの交わりへと向かって進むダイナミックなものであることを示している。

われわれも、イグナチオの謙遜の第三段階の教えに従って忠実に霊操を実践するならば、間違いなく、キリストの神秘の中に引き入れられ、神が自分に何を望んでいるかを、「前もって何の原因もなしの慰め」（Ex. 330）を受け、「疑うことなく、疑うこともできず、神が示されたことに従う」（Ex. 175）経験をすることができる。これこそ、神の神秘の中に引き入れられる経験である。

このような「謙遜の第三段階」の霊操経験を解釈学的観点から反省すると、「侮辱に飽かされたキリストと共に名誉よりも侮辱を望み、無用な気狂いとみなされたキリストのために、自分も無用な気狂いとみなされることを望む」実践行為が、「キリストの真の教え」を悟るために唯一の解釈学的方途であると、イグナチオは説いていることが判明したのである。

このイグナチオの洞察は、パウロ解釈で重要な役割を果たすことになることを予告しておこう。パウロは、「十字架の言葉」がギリシャ人には愚かであるが、キリスト信者はキリストに倣ってその愚かな道を歩んでいかなければならない、と説くからである。これはイグナチオの謙遜の第三段階と同じである。

本論　パウロの「聖霊による聖書解釈」

第五章　パウロの受けたユダヤ教の遺産

パウロは、ラビになるために本格的教育を受けたから、多くの事柄でヘブライ的な遺産を受けついだ。この遺産は、パウロがキリストの弟子になり、キリスト教の福音を宣べ伝える時、大いに役立った。現代のパウロ神学の専門家たちが口をそろえて主張しているように、ヘブライ的遺産がパウロ神学の形成に大いに貢献したのである。パウロは多くの点でヘブライ的遺産の恩恵を享受したが、私はわれわれの研究テーマのために少なくとも次の四点が重要であると思う。

1　ヘブライ的神観念。中でも四つの特徴が大切である。i　父祖の神、ii　天地創造の神、iii　申命記的唯一の神、iv　隠れた神

2　救いの歴史における言葉（dābār）の中枢的役割。

3　救いの歴史における霊（rûaḥ）の中枢的役割。

4　奥義解釈におけるシンボル（象徴・隠喩）の重要性。（パウロ神学におけるアブラハム・顔・十字架・イエス・キリストはシンボルである）

一　ヘブライ的神観念

ヘブライ語の聖書の神は、唯一の神であり、一つの名をもっていた。この名についてわれわれにはYHWHという子音だけの名が伝承されている。旧約聖書の終わりには、もはや発音されないで、「わが主」（アドナイ、ʾădōnāy）という言葉に置き換えられていた。そのために、古代後期のギリシャ語訳ではkyrios（主）が使われた。近代になって、古代後期の置き換えに従ってヤハヴェ（Yahweh）と読まれるようになったが、Jhwhという名はヘブライ語聖書のほとんどすべての書で使われている。この名は唯一の神、イスラエルの神、同時に創造主であり、この世の主である。

エロヒム（ʾĕlōhîm=ʾēl の複数形）は神を意味するが、付加語「わが神」、あるいは属格の言葉と共に、「アブラハムの神」、「父祖の神」など、の用法がある。このエロヒムはしばしばJhwhと共に使われ、「Yhwh、イスラエルの神」などと使われる。

以下で私はヤハヴェを使うが、これはあくまで日本の慣習に倣ったまでである。

(1)　父祖の神

旧約聖書の神の第一の特徴は、アブラハムとイザクとヤコブの父祖たちに啓示された神である。父祖の神観念には進化がみられるが、最終段階の「父祖の神」の顕現（啓示）のみが大切である。その啓示の内容を次のように要約できよう。

父祖たちは、神の顕現に出会い、特別に選ばれた人である。そして、神と特別な親しい関係をもつ特権が与えられた。父祖に与えられた啓示の内容は、一言で要約すれば、約束である。神はその約束を固く守り、信実を示し続けた。その信実に応えて、父祖たちは信実を尽くすことを誓った。神と父祖の間に愛の契り（b^{e}rîth 契約）が結ばれ、十の誓いの言葉《ダバール》（十戒）が交わされた。この神と父祖たちの関係は、初めから終わりまで終始一貫して、神の主導によって行われた。聖書の神は神中心主義的神である。

しかも、神は父祖たちに「数え切れない子孫」と「約束の地」を約束し、父祖たちと子孫たちのいのちを守ることを保証され、「約束の地」に導かれた。

神がこのように約束され、愛の契りを結ばれ、それを忠実に実行されたという事実を通して、イスラエルの民は神がどんな方であるかをより一層知るようになった。しかし、注意すべきことは、神が何であるかを知らせはしなかった。何故なら、神は奥義であって、人間の知恵（理性）では知りえないものであるし、その上、父祖との対話と歴史的出来事を通して自己の Identity を示されたからである。ギリシャ思想の問いは、物の本質を問う「何であるか（Quid est ?）であるが、ヘブライ思想では、相手の Identity を問う「誰であるか（Quis es Tu ?）」であり、約束・行為・出来事を通じて「誰であるか」を示されたのである

事実、約束された神は、父祖とその民の未来に関するご自分の計画を明かされ、それを実現するご自分の意志を明示されたのである。このようにして、神は限りない智慧と絶大な意志を持った、無限なペルソナであることを啓示された。神は、父祖たちに特別な愛を打ち明けられた。しかも、注意すべきことは、人格的な語りかけの中で直接自分の Identity を示されたのであるから、「父祖の神」の神観念は人格的な語りかけの迫真性を失ってはならず、抽象的な観念に成り下がってはならない。

後に見るように、パウロの書簡はまさしくこの迫真性の中で解釈されねばならない。なぜなら、

パウロは誰よりもこのヘブライ的伝承の中で育ち、ラビの教育を受け、さらに、神・キリストの直接的な語り掛けを受けた人物であり、しかも、書簡という語りかけの文体で書き、しかも口述筆記させたものだからである。これまでのパウロ解釈はパウロ「思想」のこの中心的特性をほとんど顧みられなかったように思う。

アブラハムの神は民族の神であるが、同時に普遍性に扉を開いていることに注目したい。すでにアブラハムになされた最初の約束に「地上の民族はすべて、あなたによって祝福に入る」と言われているからである。パウロはこの点に注目して、異邦人のキリスト信者も、アブラハムと同じように信仰によって義とされ、割礼を受ける必要がないことを論証するようになる。

この父祖たちへの約束は、救済史全体に貫き、新約聖書にまで及んでいる。パウロは、父祖たちになされた約束はイエス・キリストにおいてその頂点を迎える、と観るのである。（ガラ三16以降）

父祖の神観念について述べたことから、もう一つ重要なことを引き出さなければならない。それは、父祖の神は「活く神（Deus Agens）」だということである。ギリシャ哲学の神のように不動の神、超越の神ではなく、父祖たちのために不断に働かれる神である。その「活く神」の交わりの相手である人間も、ギリシャ哲学の人間のように「理性的動物」ではなく、「働く人間」である。聖書の神も人間も、西田哲学の用語で言えば、行為的自己である。それとは対照的にギリシャ哲学の影響下に発達した西洋文化の神と人間は、西洋キリスト教も含めてすべて意識的自己である。西洋文化の影響下にある現代のわれわれは、大部分の日本人を含めて、すべて意識的自己である。西田哲学を学んで自己反省すれば、現代の日本人は、自分も知らず知らずのうちに、この意識的自己の生存地平の中に生きていることを悟る。そこで、パウロや聖書を正しく解釈するためには、意識的自己の生存地平を転換して、行為的自己の生存地平を身につけ、その地平の中に住みこまなければならない。

(2) 天地の創造主としての神

創造主としての神観念は、イスラエルの歴史の中で比較的遅く見出されるが、その発展の様相についてはわれわれの研究テーマにかかわりないので、取り上げない。ここではただ二つのことだけを述べる。1　父祖の神と創造の神の同一性と、2　天地の創造主観念の終末論的意味の二つである。

1　父祖の神と創造の神の同一性

この同一性は多くの旧約聖書のテキストが証明している。たとえば、詩篇一一五15、一二一2、一三四3、一四六6やイザヤ三七16、四五18、四八13、五一13が明らかにしている。一例だけを引用しよう。

モーセに名を告げられた神は、ご自分がイスラエルの解放者であり、救い主であることを示された。そのイスラエル民族の救い主が、創造主の神と同一であることによって、イスラエルの神は民族の枠を超えて普遍性を持つことになる。イスラエル民族が遊牧の民であるから、イスラエルの神は、他の民族の民のようにある特定の場所に限定されないという特徴を持っていた。さらに、イスラエルの民族宗教は、天地創造の神であることになり、全世界・宇宙のどこにもとらわれず、「天にまします神」となった。言うまでもないことだが、「天」は神話的な概念であるが、聖書記者はそれを暗喩的に使っている。宇宙論的な天を指すわけではなく、神の住まう場所を象徴的に示す。

2　注目すべきことは、創造概念がユダヤ教後期になると終末論的意味を帯びることになった(38)。それによって、ヤハヴェは「最初のもの」であると同時に、「最後のもの」であることになり、ヤハヴェ以外に「ほかの神はない」（イザヤ四四6）、と説かれるようになった。この特徴は、新約聖書の神観念の主調音となる。「わたしは最初の者にして、最後の者。初めであり、終わりである。」（黙示一8、二一6、二二13）

（3） 唯一の神は申命記的神中心主義（Theocenrtricism）

まず聖書の神の唯一性について省察しよう。

聖書の唯一の神は日本ではひどく誤解され、嫌われている。その主な理由は三つある。第一に、唯一の神の一を数学的な一と解釈して、排他的な神と思い込んでいる。第二に、日本人の大部分は、聖書をよく読んでいないために、キリスト教は西洋の神だから、理性に基づく神であると思っている。唯一の神の一を数学的な一と考えるのもその表れだろう。日本で評判の悪い一神教（Monotheism）という観念は、抽象的思弁の産物である。このような思弁はイスラエルの思惟方法と異質である。だから聖書の神は抽象的な一神論的神ではない。

エレミヤからの次の引用文（一〇12―16）は、聖書の神がどんなものであるかを抽象的ではなく、具象的であることを示し、間接的に異教の偶像の無意味さを説いている。

御力をもって大地を造り、
智慧をもって世界を固く据え
英知をもって天を広げられた方。
主が御声を発せられると、天の大水はどよめく。
地の果てから雨雲を湧き上がらせ
稲妻を放って雨を降らせ
風を倉から送り出される。
人は皆、愚かで知識に達しえない。
金細工人は皆、偶像のゆえに辱められる。
鋳て造った像は欺瞞に過ぎず霊をもっていない。
彼らは空しく、また嘲られるもの
裁きの時が来れば滅びてしまう。
ヤコブの分である神はこのような方ではない。
万物の創造主であり

イスラエルはその方の嗣業の民である。
その神の名は万軍の主。

この文は、聖書の神がどのように天地を創造し、支配しているかを具体的に語り、金細工人が作った偶像がいかに無力であるかを語る。偶像の神々は滅び去る（同11節）。イスラエルの神は唯一の真の神である、と説く。時として、イスラエルの神は、周辺の民族が信じる神々と対比されながら、具体的な意味でただ唯一の神であることを、イスラエルの民に説くのである。異教の神々を信ずる異教徒と論争して、唯一の神を主張するわけではない。

「あなたはほかの神を拝んではならない。主はその名をエル・カンナー（'ēl qānna）といい、熱情の神である。」（出エジ三四14）この文と近い文脈で、Yhwh の名が内包する意味が全く新しい展開を示している。神御自身がモーセに次のように告げている。

Yhwh（主）、Yhwh（主）、憐れみ深く恵みに富む神、忍耐強く、慈しみとまことに満ち、幾世代にも及ぶ慈しみを守り、罪と背きと過ちを赦す。しかし、罰すべき者を罰せずにおか

ず、父祖の罪を、子、孫に三代、四代までも問う者。（同６―７）

これは Yhwh の名の内向きの側面である。ここでは神の拒否的な「熱情（嫉み）」の側面は消えて、罪人に対して罰する権能を留保しながら（７節後半）、イスラエルに対する神の忍耐強く慈悲深い態度が前面に出ている。

神の名　神の名を知る（yāda'）ことは聖書では大切にされる。イザヤ五二６によれば、神の名を知ることは神を知ることであり、「私はここにいる」と語るものである。Yhwh（主）は神と等値され、神の名によって誓うことは神を神として告白することである（申六13）。神の名は聖なるものである（詩九九3、一〇六21、47）。

預言者の特色は、神の名において語ることであり、レビ的な司祭達は主の名において奉仕し、祝福を与える。

「わたしは Yhwh（主）である」。この短い句は、神がモーセに神の名を知らせる関連の中で、出エジ六2で初めて現れる。この個所でもすでに明らかだが、この短い表現は神の名を知らせることより以上のことを意味する。同2節―8節の間に、この表現が三度現れている。この簡潔な表現は、神がイスラエルのために自己紹介の形式として使っている。この表現は、十戒の導入として使われている。「わたしはYhwh（主）である、あなたの神、あなたをエジプトの国、奴隷の家から導き出した神である。」（出二〇2、申五6）この文からも分かるように、神がイスラエルの民のためになした救いの業は、「わたしはYhwh（主）である」という基本的な表現の展開なのである。このことは、レビ記や預言書の中でもたびたび現れる。

(4) 唯一の神の本質は、人格的交わりから知られる

では聖書の神はどのような意味で唯一の神なのか。この問いに答えるために、まず聖書の神がペルソナ的な愛の神であることを観ておこう。

新約聖書は「神は愛である」（Iヨハネ四16）と明確に言っている。これは体験に基づく体験語である（本書37―39参照）。旧約聖書もたびたび「神は慈しみ深く、怒るに遅く、憐れみ深い」と告げている。だから父祖たちと愛の契りを結び、約束され、約束の地への長い旅の間、民と共に歩まれた。それにもかかわらず、ユダヤ人はたびたび罪を犯し、愛にそむいたので、罰を与えたが、それは罪への罰であるだけでなく、自分の愛に帰ってくるように導くためであった。聖書を

よく読むと、最後には神は民が悔い改めると罪を赦し、愛の契りと約束を守ったのである。ユダヤの民が悔い改めず、愛の契りを破ったままであると、愛の契りと約束（契約）を別の形で更新された。聖書の神は人間と人格的な交わりをされ、その交わりの中でご自分の忠実・誠実を明かされた。これが聖書の神の本質である。

聖書の神は人格的交わりの中で御自分を知らされる方なのである。だから神の唯一性は人格的な交わりの中の唯一性なのである。夫婦の交わりの中で、「この人こそ私の唯一の夫（妻）です」と言い合う。同じように、聖書の神はイスラエルの民と夫婦よりも強い愛で結ばれているから、イスラエルの民は「この方こそ私の唯一の神です」と告白したのである。聖書の唯一の神の一はこのような人格的な関係の一なのである。

聖書の神はこのように人格的な個を重んずる唯一の神だから、一つ一つのもの、一人ひとりを重んずるのである。そのことを端的に示すのは、次のイエスの言葉であろう。

二羽の雀が一アサリオンで売られているではないか。だが、その一羽でさえ、あなたがたの父のお許しがなければ、地に落ちることはない。あなたがたの髪の毛までも一本残らず数え

られている。だから、恐れることはない。（マタイ一〇29—31）

父なる神は人格的な交わりでの唯一なる神であるから、交わりの相手である一人をユニークな一人として大切にされる。また、この引用文からもう一つのことが明らかになる。一羽の雀さえも、唯一の神の愛の対象であり、神は心を砕かれて配慮されるのである。

以上のような唯一の神観念は、申命記においてそのピークを迎えたのである。


聞け、イスラエルよ。われらの神、主は唯一の主である。あなたは心を尽くし、魂を尽くし、力を尽くして、あなたの神、主を愛しなさい。

今日わたしが命じるこれらの言葉を心に留め、子供たちに繰り返し教え、家に坐っているときも道を歩くときも、寝ているときも起きているときも、これを語り聞かせなさい。更に、これをしるしとして自分の手に結び、覚えとして額に付け、あなたの家の戸口の柱にも門にも書き記しなさい。（同六4—9）

「聞け」と言う冒頭の言葉は、ギリシャの文化・宗教が眼（理性）の文化・宗教であるのに対して、聖書の文化・宗教が耳（全身）の文化、全身を耳にして聞き従う宗教・文化であることを端的に示している。この信仰告白の前提になっているのは、ヤハヴェがイスラエルの民を限りない慈しみをもって愛し、愛の契り（契約）を結んでいた事実である。その無限の愛に応えて、ユダヤ人は自分の能力を総動員して、あらゆる努力を尽くしなさい、と呼びかけている。

しかも、敬虔なユダヤ人は、われわれ現代人のように、信仰とは理性と意志で自己決定する問題と考えるのではなくて、「心を尽くし、魂を尽くし、力を尽くし」、つまり、人間のあらゆるレベルの能力を注ぎ込み、全身心で聞き、全身心で実行するものでなければならないことを、この告白文はよく示している。

引用文は、シェーマ（Schema＝ヘブライ語で「聞け」の意）といわれるユダヤ教の告白文の主要部分である。この告白文をイエスの時代の敬虔なユダヤ人は、日に二度口に出して唱えた。ビレルベック(39)によれば申命記以降いつの時代にも信仰告白文と見なされていた。イスラエル人はこのシェーマを唱えて唯一の神とその戒《いまし》めに対して信仰告白したのである。この信仰告白はユダヤ教信仰の基礎を形成していたし、シナゴーグの礼拝で会衆によって唯一の神への讃美として一緒に歌われたし、現在でもすべてのシナゴーグで安息日の礼拝にたびたび斉唱されている。

さらに大切なことは、この信仰告白を全身全霊で唱えるなら、神はそれに答えてご自分を示されることである。信仰告白の行為を通して、神を直接体験することができたのである。だから、信心深いユダヤ人にとって、この信仰告白は同時に一種の神体験であった。といっても、それによって高い神秘体験に恵まれたというわけではない。むしろ何らかの仕方で神の現前するのを感得することができた、あるいは、語りかける神が身に迫って現前することを経験した、と言う意味である。

熱烈なユダヤ教徒であったパウロは、毎日二度このシェーマを「心を尽くし、魂を尽くし、力を尽くし」唱えて、強固な唯一の神に対する確固とした信仰を持ち、神の現前を感得していただろう。なぜなら、このような信仰体験なしに、パウロがキリストの召命を受けた後に示した確固不抜な唯一の神信仰は理解できないからである。

キリスト者となったパウロにとっても、信仰とは「聞くこと」であるということに変わりがなかった。

この信仰告白は、神との契約の生存地平の中で行われた。パウロも契約思想の生存地平のなかに生きていたし、ダマスコ体験後にキリスト者になってもこの生存地平は残り、キリストの新しい契約によって飛躍的に高められたと言っていい。しかも、契約思想はパウロ思想の影の重要な立役者であるにもかかわらず、これまでのパウロ解釈のなかで契約思想はあまり顧みられなかった。その結果、パウロ解釈に大きなゆがみを生じさせた。

この告白文は原始キリスト教に伝承され、キリスト教信仰の意味に広げられた。その際、パウロが重要な役割を果たしている。

(5)　隠れた神

聖書の神のもう一つ重要な特徴は、隠れた神であることである。そのことをよく示しているのは次のイザヤの言葉である。A・シェケルの注解を参照しながら、原文により近い私訳を試みた。

まことに、あなたはご自分を隠される神、
イスラエルの神よ、救い続けている神。（イザ四五15）

神は人間の知恵では知ることのできない奥義である。だから、聖書の神は、救いの業をしながら父祖たちにご自分を顕されたが、「隠れた神」であり続けられた。旧約時代の間、神は救いの業をなさりながら、「隠れた神」であり続け、同時に交わりに必要な限りで、ご自分を顕された。その啓示は、暗喩を使って言えば、一瞬輝いて闇に戻る稲妻のようであると言えよう。

聖書の神は逆説的な神である。神は、奥義である限り「隠れた神」であるが、人類の歴史においていつも創造と救いの活きを通じて自己を啓示されているからである。

聖書全体において神はいつも逆説的な二つの特徴（隠れと救済による現れ）を保ち続ける。新約時代になって、隠れていた神のみ言葉は肉となってこの世に現れたとき、み言葉の神性は肉のうちに隠れた。しかし、同時に救いの業を通じて自己を啓示された。同時にその啓示は「肉」のうちに隠れたままであった。

パウロは、後に参究するように、キリストの十字架を通して奥義が逆説的に啓示された、と観た。十字架に架かるという、「愚か」な行為を通して、神の最高の智慧が啓示された、と説いた。

二　救いの歴史における言葉（dābār）の中枢的役割

聖書における最も典型的な神顕現は、イスラエルの救いの歴史において、神ヤハヴェが言葉（dābār）と霊（rûaḥ）の仲介によって自己を啓示したことである。まず、言葉による啓示からみていこう。

聖書の「言葉（dābār）」は、現代人の言葉のように、i　言葉・叙述・語り・命令を意味するだけでなく、ii　出来事・仕事（創一五1、申命記一17）、iii　物事・具体的な事物（創二〇10、Iサムに一〇2）、iv　動機・原因・理由（創二〇11、申命四21）をも意味する。

聖書の言葉を理解するために、われわれは現代人の「生存地平」を捨て、古代のヘブライ人のこのような「生存地平」に立たなければならない。言葉《ダバール》とは、意味を伝える言語機能であると同時に、出来事である。日本語の古語において、「こと」は、言（こと）であると同時に、事（こと）であるのに似ている。しかも、言葉とそれを語る者（人・神）は切り離すことはできない。言葉は、語る人全体の表出、人の全身心のエネルギーの放出である。ヘブライ人にとって言葉とは、言葉であると同時に、出来事であり、事物を変える「活き」であり、それを語った人物である。たとえば、イザクがヤコボにあたえた祝福の言葉は、騙す行為であるのに、有効であり、言葉が指している長子権がヤコブに与えられた。（創二七）

聖書を理解するために、神の言葉が想像を絶するような圧倒的な力を持っていることを知らねばならない。たとえば、創世記の冒頭の「光あれ」という言葉は、闇（無）から光を存在させる神の活きである。このことは、パウロの書簡を解釈するとき、重要な視点となる。

このような言葉のダイナミックな現実は、言葉の意味仲介的な（Dianoetic）現実と切り離せない関係にある。われわれが物を使い行為を行うときに、同じ事を行うヘブライ人は言葉（同時に行為である）を使う。名としての言葉は事物に知解可能性を与える。つまり、物に名を与えると、そのものは知解可能になる。事物は、名前を得て知解可能なものにならない内は、十全な現実性を得ない。名を与えることによって、ペルソナ（人格）はダイナミックな力を行使し、事物を現実化する。逆に、名を知ることによって、ペルソナは反対方向に力を行使して、現実（言葉）を把握する。

旧約の神の言葉は、最もしばしば預言者の言葉と関係する。言葉は神から預言者に与えられたカリスマである。ヤハヴェの言葉が預言者に与えられるとき、その言葉は、意味を伝えるものではなく、莫大なエネルギーを帯びた、言葉が名指す別個な実在である。その言葉という現実は、ヤハヴェの生きたペルソナの拡張であり、ヤハヴェから出る力を保持している。

ヤハヴェの神的力を帯びた言葉は、それが名指す現実を実現する。ヤハヴェは、アモスの観た「夏の果物（カイッ）」という言葉・現実を通して、ヤハヴェは「最後《ケーッ》」という言葉・現実を神的力をもって実現することをアモスに伝えた。そして、神の言葉が神的力を帯びていることを知っていたアモスは、言葉・現実（果実）を通して、言葉・現実「最後《ケーッ》」を悟ったのである。

エレミアは神の言葉を口の中にうける（一9）。エゼキエルは、神の命令に従って、神の言葉が書いてある巻物を飲み込む（二9―三3）。エレミヤが受けた神の言葉は、彼の骨の中で「火のように燃え上がり」、我慢ができない（二〇7―9）。これらの実例から分かるように、預言者の言葉の経験は、ただ聞くという経験以上のものである。それは、全身心を圧倒する力を帯びた言葉の経験である。これらの経験において預言者の人格はヤハヴェの位格に言葉を仲介して入り、触れるのである。

神の言葉は創造の主体である（創一、詩三三6、9、一四七4、15―18、イザヤ四〇26）。創造は言葉・出来事である。創造の出来事は、今も行われているが、語らなくても、聞こえている。なぜなら、それは創造神から発せられた言葉であるからである。

詩一九2—5は言う。「天は神の栄光を語り、大空は御手の業を示す。話すことも語ることもなく、声が聞こえなくても、その響きは全地に、その言葉は世界の果てに広がる。」

三　救いの歴史における霊（rûaḥ）の中枢的役割

聖書における最も典型的な神顕現は、神ヤハヴェが言葉（dāḇār）と霊（rûaḥ）の仲介によって自己を啓示したことである。すでに言葉については述べたので、霊について参究しよう。

(1)　霊とは何か

霊（rûaḥ）という語彙は、西洋では spirit, der Geist と訳されるもので、旧約聖書の中で三八九回使われている。この使用数は比較的多いので、霊という用語の意味を深く知ることができる。ただ問題は、霊の意味があまりにも多様なので、どのようにそれを整理し、明確なイデアをもつことができるかである。このことに関する研究が沢山あるが、その中から一番優れたものは、アントニオ・クエラルト[40]の著作であると思う。以下この書にもとづいて聖書の霊の意味を探求しよう。

まず、われわれの研究を「神の活きとしての霊」に限定しよう。方法論としては、第一に、この用語が他の用語と区別できるような三つの特徴（力・親密さ・交わり）を見出すことである。それらの中で「力」が、旧約聖書の人たちにとって特別な重要さを持っていることを見ていこう。さらに、救いの経綸における霊の役割を探求し、旧約聖書の霊のイデアの方法論を確立しよう。その上で、旧約聖書における霊の意味を参究しよう。

(2)　霊の三つの特徴

霊という概念の内容を検討してみると、次の三つの特徴を持っていることが分かる。a　力—権威、b　内面性—奥義、c　関係性—交わり、の三つである。まず、これらの特徴を簡潔に描写し、つづいて詳しく述べよう。

a　力—権威

霊は最もしばしば力を帯びたもの、いのちのような力（生命力）として、聖書の中に登場する。力と言っても、物理的な力だけでなく、倫理的な力や知的な力や宗教的な超感覚的な力を意味する。

b　内面性―奥義　霊はしばしば神との関係の中で人間の内面にあらわれる。神は人間の内面に霊を送って、人間を動かし、導く。しかも、そのとき、多くの場合神は自分の姿を現さないで、奥義のままにとどまる。この霊の「内面性―奥義」という特徴は、霊の活きが人間の心理的な知覚から見落とされるというわけではない。神から霊を与えられた人にとって、霊の現存は曖昧さのない明確な経験である。この体験は、同時に言表不可能なものの霊的覚醒である。神の霊は、人間の内面に活き掛け、動かし、行動へと導くものである。

c　関係性―交わり　霊は、神と人間との関係を作る活きをする。霊を受けた人間は、神との親密な関係に入り、人格的な交わりを結ぶようになる。この関係性―交わりの特徴は、時には人間が神の現存を経験したり、時には神的な性質、智慧・未来の予見・善性・聖性に与ったりするときに現れる。

この三つの特徴は、神との関係の中で最も望ましく、輝かしい内容である。しかも、霊という言葉は、この三つの特徴を意味する他のどんな言葉よりも優れた性格を所有している。

この三つの特徴の中で力―権威が最も目立つ要素である。しかも、旧約聖書の人間にとって並外れた重要性を持つのが力という概念である。

ヘブライ語でも、七十人訳聖書のギリシャ語でも、力を意味する言葉が沢山ある。ヘブライ語では ʻoz, ʼammîts, g^{e}bûrāh, hāzaq, kōak, hayil, ギリシャ語では dýnamis, krátos, íschýs, énérgeia がある。これらの用語は、意味のニュアンスが多少違っているが、力を意味するという点で同じである。これらの用語と比べて、霊（rûaḥ, pneuma）は力以外に二つの特徴、ⅰ内面性―奥義と、ⅱ関係性―交わり、を持っているという点で優れていると言ってよい。しかし、これらの用語も霊も、宗教的人間の確信と態度の大きな部分を支える「隅の親石」としての力を意味するという点で共通している。

（3）霊の力という特徴の優位性

興味深いことは、ヘブライの民であれ、その周辺の民族であれ、もし神が大いなる力を所有せず、力を発していなければ、宗教的な態度が生まれ出なかったことである。旧約の人間の態度において大切なことは、彼らは神の力の前で恐れを感ずると同時に、驚嘆や尊敬を感じ、偉大な力をそなえた存在者に対して尊敬―服従へと導かれることである。宗教意識の発展の中で、創造の神のイデアが発生すると、尊敬―服従の特徴はピークに達する。

だから、**a 力―権威**は神の超越性と卓越性の基礎的な基盤をなしていると言えるだろう。この基盤の上に、ヘブライ的信仰は霊的生活のすべてを築き上げたのである。聖性・義・善性・誠実・信実などの神の性格はヘブライの宗教的態度の土台を形成するものであるが、常に力―権威の特徴を内包（connote）する。つまり、相互に相補関係にある。

しかし、旧約聖書のヘブライ的メンタリティにおいて、神の「真に偉大な力」という特徴は、「欲するものは何でもなすことができる」という特権を保持している、と言えるだろう。この関連で、「土の器」（イザヤ四五9、エレミア一八6）の暗喩は示唆的である。なぜなら、人間が神の前で全く無力であることは、ヘブライ的宗教性の土台・基礎であることを示しているからである。それに呼応して、神の側からは力―権威がヘブライ的な宗教性の基礎であることになるからである。

われわれの研究にとって注目すべきことは、パウロもこの「器」の暗喩を使っていることである。したがって、パウロが同じ「器」の暗喩を使っていること（Ⅱコリ四7）は注目すべきである。神の力―権威の特徴がパウロの宗教性の土台・基礎を形成すると言えるからである。しかも、パウロの中心思想で力（dýnamis）は中心的な役割を果たす。「十字架の言葉は神の力（dýnamis）である」（Ⅰコリ一18）という文がそのことを端的に示している。

この関連でヨブと神との対話（三八章）は重要である。忍耐深いヨブはあらゆる苦難を耐え忍んだ。しかし、自分の犯した罪以上に不当に罰を受けたことに対して、ヨブは不正義であると神を問責する。それに対して、神は、普通人が考えるように、ヨブが苦難を受けるのは、忍耐と徳を試すための試練であるなどと言わず、ご自分の想像を絶する強大な力を具体的な例を挙げながら論証する。現代人のわれわれにとって、このような論証は説得力がないように思われる。なぜなら、ヨブの嘆いているのは、神のやり方の〝正義ないし不正義〟（神の神義論）であるのに、「力」の強大さをあげたとしても、神のやり方の正義の弁護にはならないからである。しかし、古代のヘブライ人の生存地平に立つならば、全く違った様相を示す。旧約聖書の人々にとって、絶対的な力（権威）を持つ者こそ最も肝心かなめの事なのであり、そのような者こそ、絶対的力（権威）を持つという事実によって「敬畏すべき方」、「問責不可能な方」なのである。

アモスも強大な力を持つ神に対して同じ態度を示している（九5―6）。

(4) 内面性と関係性

霊の第二の特徴、内面性は、霊が人間の最も内面に触れ、変容し、神の意志に従うように調え、浄化し、聖化し、救う。すぐ見るように、「顔を輝かせる」、「やさしい眼差しを向ける」、「手を差し伸べる」などの暗喩的な表現によって示された神の行為は、霊と同じ活きをなすことを示している。これらの暗喩的行為は、個人あるいは共同体が内面に神の力を受け、その力によって困難に打ち勝ったり、望んでいた賜物を手に入れることができたことを示すからである。神は霊やこのような暗喩的な行為によって、人間と共に活いていることを顕す。人間はひとりで何もできないのである。

霊の第三の特徴である**関係性**―**交わり**は、第二の特徴(内面性)と緊密に結ばれていることは言うまでもない。神が霊を通して人間の内面に関わってくるのは、人間と深い交わりをしようとするからである。しかし、関わりの第三の特徴は、独自性を持つのである。なぜなら、霊によって人間は内面に親密な力を受けて、それに協力するならば、神に嘉せられ、神と親密な関係に入ることができるからである。

（5）rûaḥの原初的意味

霊のヘブライ語rûaḥは、非常に多様な意味に用いられていて、その原初的意味について研究者の間に多くの意見があり、それを確定することができない。われわれはコッホの意見に従って、「隠れた力」がrûaḥの原初的意味であると思う。この意見のよい点は、アニミスチックな自然観とマッチすることである。rûaḥが隠れた、神秘的な意味を保っていることによって、他の言葉による差異化を容易に受けることができながら、同時に力の意味を保持し続けるからである。rûaḥの原初的意味をこのように解すれば、両義的な多様な意味のなかにあって、それらを越えて、他の現実を名指すことに使える、という有利な点がある。

聖書の中でrûaḥは三つの分野、自然・人間・神で使われているが、われわれのテーマに沿って、後者の二つの分野だけに絞って研究しよう。

（6）ヤハヴェは創造主で、rûaḥ（超越的力）である

父祖の神観念がヤハヴェと同一と観るようになり、「天と地の創造者としてのヤハヴェ」というイデアに到達した段階で、rûaḥという言葉は超越性を獲得し、聖書記者たちはヤハヴェが神

的な rûaḥを持つだけでなく、ヤハヴェが rûaḥ霊そのものであることを洞察するようになった。預言者イザヤが三一章3で霊についての特別な神学的思索をなしている。預言者はイスラエルの民にエジプト王に救いを求めてはならないと告げて、次のように説得する。

エジプト人は人（'ādām）であって、神（'ēl）ではない。
彼らの馬は肉（bāsār）であって、霊（rûaḥ）ではない。
主が御手を伸ばされると、
助けを与える者はつまずき、助けを受ける者は倒れ、みな滅びる。

最初の二行はヘブライズムの平行法で、別の表現で同一の事態を言表しているから、神と霊が同じ意味に使われていることが分かる。一行目ではエジプト人と神が対立し、二行目では彼らの馬と霊が対立されている。馬はエジプト人の力を象徴的に示しているから、主語は一つ、エジプト人である。同じように述語は一つ、神である。霊は神を象徴的に示している。さらに一行目、エジプト人は神と対比されて、人と種別化され、馬は霊と対比されて、肉と種別化される。馬は肉を持つものの力を指すために使われ、霊は神が所有している力を指すために使われている。

預言者は、肉の力に対する霊の力の優位性を象徴的に示し、強大な神の力に対して、いきいきとエジプト人の力の無力を示す。エジプト人の力が一見強大に見えようとも、神の力に比べれば実は無力であることを示し、エジプト人に頼ることの愚かしさを教えるのである。（「助けを与える者」はエジプト人を、「助けを受ける者」はイスラエル人を指す。）

霊がこのように神を特徴づける力である。その力によって「手を伸ばす」という神の行為は抵抗しがたい力を持つ。ここに、rûaḥが風や息と訳すことができないものであることは明らかである。

（7）霊（息吹）＝言葉が創造する

まず、ヨブ三三4を身読しよう。そこには霊と息吹が同じ意味であることを示している。

神の霊（rûaḥ—'ēl）がわたしを造り、
全能者の息吹（wanismat）がわたしに命を与えた。

ヘブライ語独特の平行法が、霊が息吹と同じ意味であることを示す。造る（Asah）が人間の形成を名指し、形成の瞬間に霊が人間に生命をあたえることを示す。神的な霊（神の息吹）が人間の創造の力であることを示している。

ヨブ記のこれらの知見（霊と息吹の同一性・霊が人間を創造し・息吹が人に命を与える）は創世記二7の人間創造の物語を解釈するときに重要になってくる。

次に詩篇三三6を身読しよう。

御言葉によって天は造られ、
主の口の息吹によって天の万象は造られた。

この文は、息吹と霊が同じであることを前提としている。その上で、平行法は、一方では霊と言葉が同じ意味を持つことを示し、他方では神の口という暗喩を使って、その口から出る霊（息吹）と言葉が創造の力を持つことを示している。

(8) 霊と神の創造的力の神学的省察――霊の重層構造と全体的思惟方法

「霊」とは、智慧（Ｉコリ一21）のことである。パウロはヘレニズム・ユダヤ教の智恵文学の影響を受けて、智慧を霊と同一視するのである。[41]

霊（ギ pneuma, ヘ rûaḥ）は、多義的である。まず風・息を指し、生命力の源である魂を意味するものになり、神から発出する多種多様な活きを意味する。しかし、いずれの場合にも「吹く風」のような感覚的な意味を保ち、しかも、ギリシャ的な超感覚的な理性（Nous）の契機よりも、ダイナミックな契機が基本的に強い。イエスの次の言葉がそれを示す。

風は吹きたいところに吹き、その音を聞く。しかし、それがどこから来て、どこへ往くのかわからない。霊から生まれている人は皆このようである。（ヨハネ三8）

ここで霊は、古代ヘブライ人が全身心で経験した風と、神秘的な神の創造的な活きとの両方を指している。また、このヨハネの文は、旧約と新約との霊の根本的な理解が同一であることを示している。この根本理解は次のように表現できるであろう。

古代ヘブライ人は人間の息と天地を吹く風を力・生命力として経験した。しかも、彼等は神の生命力あふれた創造力がつねに主要な関心事であった。そこで、息や風に力・生命力を感ずるとき、そこに神の創造力を直観したのである。

さらに、この文は、聖書的な霊が非常に捉えどころのないものであることを示している。このような霊のとらえどころのない性格の秘密の手がかりをつかむために、ウルフが言うように、「立体的総合的、全体的思惟」(Das stereometrisch-synthetische Ganzheitsdenken)(42)を我が物にする必要がある。

この思惟方法がどんなものであるか、人間の創造(創世記二7)の身読的解釈学の成果を踏まえて省察してみよう。神は人間を創造したとき、地(アダマー)の塵で人間の型を作り、それに「生命の息吹」(創造的力)を吹き込まれると、「生ける者」(人間)になった。神は人間を創造し続けているから、「生命の息吹(霊)」は人間のうちに活いている。その活きによって「生ける者」(「息をして生きている者」人間を指す)が生まれる。

この聖書の記述をもとにして、人間の息を省察してみよう。それは、呼吸作用・生命力(魂)・神の創造的力が重層構造をなし、神の活きによって貫かれ、総合され、それらがダイナミックな全体性を形成している。このように物事の全体を総合的に観るのが「立体的総合的、全体的思惟」である。このような思惟方法は、新約と旧約の両聖書が聖霊を共有するから、「立体的総合的、全体的思惟方法」を共有している、と言っていいだろう。この名称は長いので、縮めて「全体的思惟方法」と呼ぶことにしよう。

霊は多様な関係性を含んでおり、神・人間・世界の切り離せない関係性を指している。聖書においては、神から断絶した人間・世界は存在しないし、人間・世界に戸を閉ざした神は存在しない。ここに「開基《ひらき》（Offenheit）」という概念が立ち現れる。霊とは、最も広い意味で「開かれたもの（Das Offene）」そのものである。「主の霊」は神の互恵的な「開基（Offennheit）」である。従って、霊は神と人間・世界との関係を結びつけるダイナミズムであり、神・人・世界・万物を結合し、統一するものである。霊（開基《ひらき》Offennheit）である神は、神と人間と世界との関係性を「開く」。霊がこのように「開く者」であるからこそ、神が人に霊を与えるとき、人間は生ける者になり、他者・異性・自分と異なったもの・万物に自己を開いて関係を結ぶことのできるものになる。

この場合、人間に与えられた霊と神の霊とは、存在論的に異なった二者でありながら、働きにおいては感応し協働し、一つになり、同一の活かす力となる。この活かす霊なしに、人間は無力である。人間は、この霊を通して自分が神に結ばれ、神に依存していることを知るのである。(43)

しかも、神と人間と世界との関係性は、必ず「からだ（身）」によってなされる行為であることを忘れてはならない。だから、パウロが言うように、われわれのからだ（身）は「聖霊の神殿である」（Iコリ六19）と言うのである。

ある女性神学者(44)は、男性神学者が長い間等閑に付していた聖霊の女性的性格に注目する。ヘブライ語のrûaḥは女性名詞であるのに、ギリシャ語でpneuma中性名詞に翻訳され、さらに、ラテン語・ドイツ語はじめヨーロッパ語では男性名詞Spiritus, Der Geistに訳された。性の変化に伴って内容上の変化が起こった。旧約聖書では、神の霊は神の女性的な性格と切り離すことができないのに、西洋の神学者は例外なく男性であったために、聖霊を神の男性的性格と結びついたものとして解釈した。旧約聖書では霊（rûaḥ）は人間や物を動かし生きたものにするものであり、鼓舞し激励するものである。ところで、生命を与え、人を感激させ、鼓舞するものは女性特有の活きであり、母的任務である。霊の母的な理解は新約聖書に引き継がれている。ヨハネ福音書で神の子としての誕生は霊によってなされる（三5）。使徒行録では聖霊降臨によって教会は誕生する（二1―42）。これらの誕生は霊の母的な活きである。

第六章　パウロの聖霊経験の追経験

パウロの「聖霊による聖書解釈」を身をもって行うためには、解釈者であるわれわれも、パウロと同じような聖霊経験を持つ必要がある。幸いにパウロは、二箇所（ローマ八15―16とⅠコリント一二3）ですべての洗礼を受けた者が経験しうる聖霊経験について語っている。そこで、次章で「聖霊による聖書解釈」を参究する前に、われわれもパウロが述べる聖霊経験を追経験しようと思う。

パウロは、ローマ八15―16で、信徒は神の子とされる霊をうけた、その霊のうちにあって「私たちはアバ、父よ、と叫ぶ。この霊自らが、私たちが神の子であることを、私たちの霊と共に証ししてくれる」と、言っている。（ガラテア四6でも同じことを説いている。）ここでパウロは明らかに自己の聖霊経験について語り、すべての信徒が同じことを経験できると言っている。

また、パウロは、Ⅰコリント一二3で「聖霊による以外には、誰も「イエスは主である」と言うことはできない」と説いている。同じような言葉を、パウロはローマ一〇9で語っている。「もしもあなたがあなたの口で「イエスは主である」と告白し、あなたの心のうちで、神がイエスを死者たちから起こしたと、信ずるなら、あなたは救われるであろう。」

パウロは、この二つの箇所で「アバ、父よ」と叫ぶことによって、あるいは、「イエスは主である」と告白することによって、聖霊を経験できることを教えている。これらの言葉を身読し、パウロの弟子たち・信徒たちが聖霊を経験したように、私たちも聖霊を追経験してみよう。

一　ローマ八・一五―一六の身読
――「アバ、父よ」と叫ぶことによる聖霊経験――

(1)　テキストの釈義と解釈

このテキストを身読するために、まずテキストの釈義と解釈を行おう。

第一に、文脈を見ていこう。大きな文脈として、ローマ七1―八17を概観しよう。(45) この全体は、肉にある存在から霊にある存在への転換が語られている。その転換は、キリスト者が洗礼を受けたときに経験した主権の交代である。「罪の奴隷」の下にいた異邦人が、洗礼を受けることによって、「神の奴隷」となり、永遠の命を生きるようになった（六19—23）。別言すれば、異邦人であったときは、「罪の欲情」（七5）のうちにあり、罪に支配されていたが、洗礼を受けることによって、「霊の新しさ」（七6）に支配されるものとなった。七1—6は、七1—八17全体の序文の役目を果していて、罪の支配から霊の支配への転換が、七1—八17全体のテーマであることを予告している。

七7—25は「罪の支配」について論述し、八1—17は「霊の支配」について論述する。

ローマ八1—17は、「霊の支配」、別の言葉で言えば、「神の霊の下にある者の歩み」について述べる。

洗礼を受けて、「キリスト・イエスのうちにある者たち」（八1）になったキリスト信者は、「霊に従って歩む」（八4）のであり、「聖霊のうちに生きる」（八5—17）のである。

近い文脈のなかでも重要なのは、八11節である。そこでこの節を引用し、釈義・解釈を行おう。

しかし、イエスを死者たちから起こした方の霊があなた方のうちに住んでいるのなら（11a）、キリストを死者たちから起こした方は、あなた方のうちに住んでいるその方の霊のゆ

えに（11b）、あなた方の死ぬべきからだをも、生かしてくださるであろう（11c）。

釈義[46]・解釈。テキストを三つ（abc）に分けた。ここでパウロの眼差しは、初めてわれわれの個人的なからだに向けられる[47]。そのからだは、「罪のからだ（罪の支配下にある）」ではなく、「死すべきからだ」である。11節は言う。聖霊は「生命」であるから、その生命はわれわれ（死すべきからだ）を死者の中から復活させることで自己の生命力を証明する。引用文に表された正確な表現に注意を向けて釈義していこう。

11a：「イエスを死者たちから起こした方」は、初代教会の信仰告白文からの引用であろう（四24、一〇9、Ⅰコリ六14、Ⅱコリ四14参照）。

「起こした方」は、イエスを復活された父なる神をさす。以下の釈義・解釈で主に依拠したのは、Heinrich Schlier, Der Romerbrief, herder, 1977, 248–249である。彼は、パウロの微妙なテキストを精確に、しかも深く読み解いている。ことに以下の（1）（2）（3）は、この本に依る。

（1）父なる神の「霊があなた方のうちに住んでいる」の「霊」は、聖霊を指し、イエスを死者のうちから復活させた方の霊である。それは、イエス・キリストにおいてすべての死者たちを甦らせ、生命を創る「霊」である。その霊はわれわれを自分のものにして、われわれは彼のうちに在り、彼の力の次元に置かれた。ということは、霊がわれわれの中で「生命の霊」として真価を発揮しているから、その活きに従ってわれわれはわれわれの生命を遂行していけばよいのである。われわれは、この霊の活きをわれわれの生活の行動基準にしていけばよいのである。以下のⅠコリ一二3の釈義・解釈と見事に一致している。

もう一つ大切なことがある。その霊は、イエス・キリストを復活させた方であるから、キリストの霊である、「キリストの霊」の「の」は、主語的属格で、その霊のうちにキリストが現臨し、活いていることを意味する。それは、その霊の力によって復活させられた主キリストが自己を啓示している。

「あなた方」とは、洗礼を受けて、「罪の奴隷」から「神の霊の支配」の下に移されたコリントの信徒の一人ひとりを指す。聖霊が住んでいるのは、特別に恵まれた霊能者ではなく、普通の一般信徒すべてを指していることは注目すべきである。「住んでいる」とは、信徒はすでに今聖霊の活きの下に生きていることを指す。

11b：「キリストを死者たちから起こした方」は、御父を指す。この御父が、今聖霊を信徒のうちに住まわせ、神の生命を与えてくれた。だが、それだけでない。
11c：御父は、終りの日に「あまた方の死ぬべきからだをも生かしてくれるだろう（zoopoie-sei=zoopoio の未来形）」。
（2）「死ぬべきからだ」とは、罪の支配下に在るからだ（六6）でもなく、「この死のからだ」（七24）でもない。つまり、罪と死の支配下に落ちたからだではない。「死ぬべきからだ」とは、弱い肉であり、死の危険にさらされているからだを指す。
神の復活の霊は、この弱きからだを「生かしてくれる（未来形）」。復活の力を持った聖霊は、終末の時にからだを復活させてくれるのである。ここでパウロは、預言者的なヴィジョンを語っているのではなく、イエスを復活させた御父が、イエスを信ずる信徒を同じように復活するという終末論的活きの現実を指し示しているのである[48]。
（3）パウロは、ここで正確な表現を使っている。神は活く神である。キリストの復活においてすでに生命を創る力であることを示した神であり、「われわれのうち住まう霊」によって今やわれわれの死すべきからだ（身）を「生かしてくださる（未来形）」神である。
イエス・キリストの復活を成し遂げ、すべての死者を甦らせる「聖霊」によって、われわれは全幅の希望を持っている。「霊のうちに在る」とは、霊によって打ち開かれた未来を見通す展望を保持して、救いの未来に向けて生きること、霊の力のうちに、死者のからだの復活はすでに現に実現しつつある真実在である。

この真実在のなかに緊急な勧告がすでに含まれている。われわれがその中にいる霊、われわれのうちに住まう霊、洗礼の日以来われわれの存在の根本規定としてわれわれが持っている霊、その霊が、われわれの生活にそって活くことができようにさせること、霊の導きに従ってどのようにどこに向かってわれわれがわれわれの生活を遂行して行けばよいのか。一言で言えば、どのように「霊に従って歩む」（八４節）でいけばよいのか。このような勧告が11節のなかに含蓄されている。この含蓄的な勧告が、続く八12節以下で明確に示される。

12─13節は、「肉に従って生きる」のではなく、「霊によって生きる」ように勧告する。肉にしたがって生きるなら、「あなた方は確実に死ぬであろう（未来形）。」この死は、終末論的な死を指す。「霊によってからだの行為を殺すなら、あなた方は生きるだろう。」「からだの行為」の「からだ」とは、自己中心的な肉を指す。霊に従って生きれば、自己中心的な肉は殺される。

14節では、パウロは、客観的教えを第三人称で述べる。「すべて神の霊によって導かれる者たちこそが、神の子である」と。

「導かれる（agontai=agoo の受動形）」とは、初代教会に多く見られた脱魂現象を指すのではなく、キリスト信徒の正常な行為すべてを導く神の働きを指す。従って、神の導きは、信徒の積極的な協力を要請する。信徒がその要請に答えるなら、神と信徒の間に感応道交が交わされる。われわれが「霊に従って歩む」（ガラ五16）こと（積極的行為）は、われわれが「霊に導かれている」（ガラ五18）こと（受動的行為）である。信徒の積極的な行為は、いつも霊に導かれる受動的な行為であり、同時に、霊における自己決定である。そのようにして、われわれが霊に身を任せ、自己中心的な行為を殺すようにするなら、われわれを導く霊は、われわれのうちに住まい、生命の新しい次元を開いてくれる。われわれが「霊のうちになること」は、われわれが、常にまた霊から始め、霊に導かれることである。それは、とりもなおさず「霊が、われわれのうちに住まっている」ことである。以上が、14節aを13節bと比較して得られる認識である。

14節は、本来「生きるだろう（zesesthe）」（13節b）を説明するのである。「生きる」とは、「聖霊によって導びかれるように任せること」である。このような生き方をするものこそ、「神の子である。」

「神の子」は、パウロの他の手紙を参照すると、三つの局面を持つことが分かる。ｉ　洗礼において始まった「神の子」（ガラ三26、四６）、ⅱ　霊の導きの下で実存的に実現している「神の子」（われわれのテキスト）、ⅲ　終末論的に啓示され、決定的な状態「神の子」（ローマ八19、23）。この三つの局面を貫くのは、黙示思想的終末論的な神の活きである。「神の子」という現実は、ⅱの局面、霊の導きのもとで実存的に実現していても、終末論的な隠れた奥義なのである。われわれのテキスト（八15―16）は、「神の子」の第二の局面を取り上げる。「神の子」であることは隠された奥義である。その奥義がどのようにわれわれに証しされるかをテキストが示してくれるのである。だから、これほど興味深く、重要なテキストはない。

テキストを引用し、釈義・解釈しよう。

あなた方は、再び恐れへと至る隷属の霊を受けたのではなく、むしろ子とされることの霊を受けたのである。その霊のうちにあって私たちは「アバ、父よ」と叫ぶ。(15)霊自らが、私たちが神の子供たちであることを、私たちの霊と共に証ししてくれる。(16)

パウロは、重要なことを語るので、相手を「あなた方」へと呼びかける。そして、まず、否定面からはじめる。奴隷の霊を受けたのではなく、再び恐れに陥ることはない、と説く。死の恐れは、人間存在の根本的な不安である。人間は、自力でこの不安から逃れられない。この事実は、自殺数が世界一多い日本において、誰もが実感していることである。しかし、洗礼を受けたすべてのキリスト信徒はこの不安から解放されるのである。

そして、積極面に移り、「子とされることの霊を受けた」と説く。

「子とされることの（huiothesia）」は、子の身分、養子を指す。ガラ四5で、神が御子をこの世に送ったのは、「私たちが神の子の身分を受けるためであった」といわれている。次の6節で続けて、「あなた方は神の子であるので、神は、自らの子の霊、『アバ、父よ』と叫ぶ霊を、私たちの心の中へ送って下さった」と、説く。ガラ四5—6のテキストは、「子の身分（養子）」のことを述べているから、われわれのテキストの「神の子」も神の養子の身分を指すことは明らかである。

しかも、ローマ八23は、「神の子」の新しい局面を明らかにしてくれる。「私自身も、子とされることを待望し、からだの贖いを待望し、自分自身のうちで呻いている」（八23）。それに加えて、

「神の子」への宇宙的な切なる希求・叫びについて、パウロはローマ八18―22で語る。「被造物の切なる思いは、神の子たちの現出を待望している。被造物自身も、朽ちゆくものへの隷属状態から自由にされ、神の子たちの栄光のもつ自由に至るであろう、との希求を持っている。すべての被造物が今に至るまで、共にうめき、共に産みの苦しみを味わっていることを、私たちは知っている。（途中省略）」

われわれのなかに住む霊は、われわれに迫り、われわれが新しい終末論的完成に向かって希求し、呻き、叫ぶように動かしているのである。だから、霊のうちに生きるわれわれの肚の底から「アバ、父よ」との叫びが起こるのは当然である。次に、最も重要なことを語り始める15節bでは、「あなた方」の代りに「私たち」に変え、公の信仰告白の表現を使う。「その霊のうちにあって私たちは『アバ、父よ』と叫ぶ。」

ここで注意すべきことが四つある（Schlier, 253-254）。

i　叫ぶ（krazein）は、旧約聖書では霊感による呼びかけを指す。（七十人訳、詩一九2、一〇七13）特に預言者の叫びを指す。

ii　「われわれ」が、子の霊において叫ぶ。ガラ四6では、霊自身がわれわれの心において叫ぶ。われわれが神の子の霊のうちで叫ぶとき、同時に聖霊自身が叫ぶ。道元の用語を使っていえば、感応同時である。「感」はわれわれの叫びを指し、「応」は聖霊の叫びを指す。iii「アバ」は、幼子がパパを呼ぶときの、アラマイ語の呼び方である。「マラナタ」（Iコリ一六22）、「アーメン」「ホザンナ」など、初代教会で共同体で使われていた「公の典礼で使われていた叫び・祈り」であった。それは、不在の神に向かって不安に満ちて叫ぶとは異なり、現存する神、身近な神へ信頼に満ちた叫びである。

iii　アラマイ語の第一人称複数の「アバ」は、典礼で使われた言語形式であろう。聖霊は、共同体の典礼においてキリスト教徒たちを動かして、「アバ、父よ」と叫ばせていた。

（2）私の身読的解釈

1　Schlier の詳細な解釈があるので、それに従って身読するのは、2以下に述べるように、私にとって大変易しかった。しかし、私の弟子たちを指導し、身読を実践してもらうと、意外に難しいことが分かった。どうして難しいのか。多くの理由があった。i　まず、キリスト教的なしっかりした信仰を持っていなければ、非常に難しい。ii　信仰を持っている場合でも、坐禅の経験のない人には、身読することが難しい。iii　なぜなら、現代の日本人のキリスト信者は、西洋的なキリスト教を受けたから、意識的自己の生存地平に生きていて、パウロが教えているように、神・キリストが働く、それに応えてわれわれも働く、というような行為的自己の生存地平に住んでいない。意識的自己から行為的自己への転換がどうしても必要なのだが、この転換はなかなか難しい。

2　坐禅の経験のない人でも、霊操を本格的にやった人で、「キリストの呼びかけ」(Ex. 91-100) の霊操を日常生活でも実践するようになった人は易しくこのテキストを身読できる。なぜなのか。この「霊操」はふつう「キリストの国」と呼ばれているが、イグナチオは「キリストの呼びかけ」と呼ぶ。この霊操の中心は、キリストの具体的な呼びかけ「私と共に来たいと切に望む者は、私と同じものを食べ、同じものを飲み、私と共に働き労苦を共にしなければならない」という呼びかけに実際の日常生活で全身で応えることである。この霊操を実践できる人は、すでに霊に導かれて、キリストと同じ神の生命を生きている人である。このような人こそ、パウロがこのテキストで教えている「神の子」だから、聖霊経験の持ち主なのである。ただその聖霊経験は含蓄的で、実践的行為のうちに眠っている。それを自覚のレベルまで高めなければならない。聖霊と共に「アバ、父よ」と叫ぶ実践は、自覚化の最も良い方法である。

3　坐禅は、この「アバ、父よ」の身読のための最良の方法である、と思う。創世記二章「人間の創造」のテキストの身読をもう一度読めば、このことはすぐ了解するだろう。ことに「いのちの息吹」（二二頁）の経験は、聖霊体験にほかならない。

もう少し具体的な方法を示唆しよう。禅に「無字の公案」があるが、自己が本来無（聖書的にいえば「塵」）であることを自覚するための公案である。そのために、全身全霊をもって「ムー」と唱え続ける。そのためには、深い丹田呼吸が自然にできるようになければならない。大死一番の覚悟もって坐禅し、すべての邪な執着を捨てて、大活しなければならない。大活とは、根源的いのち（仏の御いのち）に生かされることである。キリスト者にとっては、根源的いのちとは、神の生命である。

そこで、この無字の公案をキリスト教的に変えて、「ムー」と唱える代わりに、深いキリスト教的信仰をもって、上のテキストが教えるように、われわれのうちに聖霊が住まい、われわれのすべての行動は聖霊の導きに動かされるようにしながら、「アバ、父よ」と聖霊と共に一心不乱に叫ぶなら、すでにキリスト教的行き方のなかに働いていた聖霊を自覚できるようになる。

4　聖霊の「アバ、父よ」の叫びとどうやって一つになってわれわれも叫ぶのか。この問いに道元が答えてくれる。道元は「現成公案」巻で仏の活きと一つになって行ずる方法[49]を教えているから、その方法をキリスト教的に変えて適用すればよいからである。

道元は仏の活きを船に喩える。普通われわれは仏の活きを自覚せず、仏の活きの船に乗っていることを知らない。そこで、岸を見ると、岸が動き、自分は恒常である、と錯覚する。しかし、自己の本当の姿は、無常で、一瞬一瞬生滅している。この真実の姿を自覚するためには、自分の行為を仏の活きに「親しく帰する」ようにすればよい、と道元は教える。「帰する」とは、仏の救いの活きが宇宙・万物を貫通しており、われわれもその活きの充満のドン真ん中にあることを信じ、このように働く仏に帰依し、その活きに帰順することである。「親しく」とは、自己執着を捨て、仏の活きに感応し、その求めに応ずることを指す。

この方法をキリスト教的に適用して、「アバ、父よ」の叫びに当てはめて実践すると、次のようになる。

上述したSchlierの解釈によれば、パウロは次のように教える。

神は働く神である。キリストの復活においてすでに生命を創る力であることを示した神であり、

「われわれのうちに住まう霊」によって今やわれわれの死すべきからだを「生かしてくださる（未来形）」神である。

イエス・キリストの復活を成し遂げ、すべての死者を甦らせる「聖霊」によって、われわれは全幅の希望を持っている。「霊のうちに在る」とは、霊によって打ち開かれた未来を見通す展望を保持して、救いの未来に向けて生きること、霊の力のうちに死者からのからだの復活はすでに現に実現しつつある真実在である。この真実在のなかに緊急な勧告がすでに含まれている。われわれがその中にいる霊、われわれのうちに住まう霊、洗礼の日以来われわれの存在の根本規定としてわれわれが持っている霊、その霊は、われわれが、霊の導きに従ってどのようにどこに向かってわれわれの生活を遂行して行けばよいのか、教えてくれているのである。

具体的に言えば、聖霊はわれわれを絶えず導き、「アバ、父よ」と一緒に叫ぶようにしてくださっているのである。だから、この聖霊の導きを信じ、それに感応し、親しく一緒に叫べばよいのである。

5　あるシスターの経験を、手短に述べておこう。この方は、私の指導の下、一月間のイグナチオ的接心を三回行った。神学の修士号を修得した知的な才能があるために、始めのうちは、

「アバ、父よ」の実践が難しかった。しかし、坐禅に習熟すると、知的能力を生かして、聖書のテキストをよく理解し、神と人間との感応道交に通暁し得たので、他の人たちより早くこの実践に熟達することができた。父なる神をいつも身近に感得し、親しく「アバ、父よ」と呼び掛けると、御父はそれに応じて、ご自分を直接示され、神は彼女の父であり、彼女は神の子であることを、証ししてくださった。その結果、彼女は常に神の身近にあり、深い「愛のこもった畏敬の念」（アカタミエント）を保ち、より大いなる神の栄光のために積極的に働き、他の人のために奉仕するようになった。よりよく行ずるために、予備的なテキストの深い読みが必要であることを、彼女の経験は示している。

６　聖霊は、われわれが「神の子」であることを証ししてくれるとき、父なる神は対象としてわれわれの前にあるのではない。ハイデッガーの用語で言えば、神は決して眼前存在にはならない。むしろ、父なる神はわれわれを、父が子を抱擁するように、「抱擁する（abrazandola）」（『霊操』Ex. 15）ことを経験する。

その際、神の恵みにより、またそれをわれわれがどのように受けるかにより、受ける側のわれわれの身心全体の状態によって、多様な形で経験する。あるときは、感情はあまり動かず、神に包まれていること、父なる神の活きの充満の中にいることを経験する。

あるときは、御父の溢れる愛に抱擁されるかもしれない。この様な経験のとき、注意すべきことは、感情的に受け止めないことである。感情的になると疲れるからである。アルペ師が言われた勧告の言葉は貴重である。「本当に聖霊からの経験であれば、疲れるはずがない。」神の父的な愛の中に憩うという経験は貴重である。

7　われわれのテキストでパウロが明白に説いているように、普通のキリスト教信徒は誰でも「アバ、父よ」と叫ぶことによって聖霊を経験することができる。それなのにこれまでは、このような聖霊経験は一般のキリスト信徒には可能ではなかった。どうしてなのだろうか。それは、このテキストを身読し、身をもって聖霊を経験できる具体的な方法が欠けていたからなのではないだろうか。坐禅以外でも、いろいろな方法が考えられる。たとえば、浄土真宗の念仏修行や、日蓮宗の太鼓と共に力強く唱える「南無妙法華経」などから学ぶことができるかもしれない。

二　Iコリント一二1―3の解釈

このテキストは、「霊の賜物について」述べる。パウロはここでコリントの信徒からの質問に答えている。コリントの信徒は、神の賜物について多様な現象を体験して、自己を誇るような傾向があり、霊的熱狂主義に傾いていたようであった。パウロは、批判からではなく、信徒との共通点から始める。多くの恵みの賜物があるが、同じ霊からである。コリントの信徒の霊による脱魂状態も霊の現れである、とパウロは認める。しかし、神から見て、それを修正する。まず、文脈を見て行こう。

文脈：パウロは、Iコリ一二1から新しいテーマ「霊の賜物・教会・神への奉仕」を取り上げる。そのテーマは、一四章3まで続く。

一二1―3では、パウロはすべての判断基準（criterium）を示す。この基準については後に詳しく述べる。

一二4―31では、霊の賜物の多様性と一致を示し。最後の31節で、パウロは、これまで述べた多くの霊の賜物よりも「さらに卓越した道を、あなた方に示そう」と言う。一三章31で、卓越したものとして信・望・愛を示し、三つの中でも「最も大いなるもの」は愛である、と説く。パウロにとって、愛は道であり、われわれが追求し求める目的である。「幼児」から「大人（完全な者）」（Ⅰコリ十三11）になると、この愛（道）が、さらに卓越した判断基準になるのである。

（1）釈義・解釈

テキストを引用しよう。

1さて、霊の賜物についてであるが、兄弟たちよ、私はあなた方が無知であってほしくない。2あなた方が異邦人であった時、物言えぬ偶像のところへと、いかに魅惑されるままに自分が引っ張られて行かれたか、あなた方は知っている。3それゆえに私は、あなた方に告げる。神の霊において語っている者は誰も、「イエスは呪いなり」とは言わないし、また聖霊による以外には、誰も「イエスは主なり」と言うことも

できないのである。

1節の冒頭の言葉には、三つのパウロ特有な表現が見られる。1「ついて（peri）」、2「兄弟たちよ」、3「私はあなた方が無知であってほしくない」。これらはみな新しい話題への移行を指し示す。「兄弟たちよ」と呼びかけながら、新しいテーマへと注意を向けさせ、このテーマの知の重要さを強調する。

2節で、コリントの信徒の経験を思い起こさせる。異邦人であった時、悪い霊に引っ張られ唆されて、物言わぬ偶像を拝んだ。「知っている」、つまり、信徒となって、霊に照らされて、悪い霊に誘惑されたことを知った経験を、パウロは指し示す。

3節で、いよいよ中心テーマに入るために、荘厳に「私はあなた方に告げる」と言う。「イエスは呪いである」は、パウロも信徒も、「十字架に掛けられる者は呪われた者である」と考えていた経験を暗示していると思われる。パウロは、見事な修辞的技法を使いながら、これとの際立った対照として「イエスは主である」を挙げる。

しかも、この「イエスは主である」は、洗礼を受けたとき、典礼に組み込まれた「信仰宣言文」で、教会共同体がみんなで唱え叫んでいた「祈り」であった。そのために、キリスト信者は「主イエス・キリストの名をいたるところで呼び求めている者」（Iコリ一2）と呼ばれていたのである。パウロは、洗礼を受け、「イエスは主である」と唱える者（ローマ一〇9、フィリ二11参照）は、みな「聖霊によって」唱えているのである、と説く。「イエスは主である」の信仰告白は、聖霊の活きである。それは主観的な体験ではなく、聖霊によって神の絶対的明証性に根拠付けられた経験なのである。これこそが、あらゆる宗教体験を判断するときの基準（criterium）である。

パウロによれば、すべてのキリスト者は「イエスは主である」を唱え祈ることによって、聖霊を経験しており、霊の多様な賜物を神からのものか、悪い霊からのものか、判断できるのである。

（2） 身読的解釈学

1　このテキストについて身読を試みたのは、六〇年前の洗礼を受けてすぐのときだあった。Iコリ一二3を読み感激して、「主イエス」と唱え始めた。受洗後の霊的熱意はまだ残っていて、「主イエス」と聖霊によって唱えていると実感した。今から反省すると、当時の霊の体験は、主観的な色合いが強かった、と思う。霊的に幼く、聖霊による神的な絶対的明証性はなかったからである。イエズス会に入会し、アルペ修練長の薫陶を受け、一か月の霊操をなし、哲学・神学を学び、第三修練期でもう一度一か月の霊操を実践し、何ほどかイグナチオの教える「主なる神のみのなしうる神経験」（Ex. 330）を経験し、神的明証性に根拠付けられた真正な神経験の恵みを受けた。この経験を基準にして反省すると、洗礼直後の霊的な体験は、まだ未熟であったと判断せざるを得ない。

２　聖書の勉強によって、上に述べたテキストの釈義・解釈を学び、テキストの「生存地平」が行為的自己であることを知るようになり、私が「主イエス」を唱えていたときの「生存地平」が西洋的な意識的自己の地平であったことに気づかされた。聖書の神は「働く神」であり、それに呼応して、人間も「考える我（ego cogitans）」から「働く主体」へ転換すべきであることを知る。

３　さらに聖書を勉強することによって、ローマ一〇９「あなたがあなたの口で主イエスを告白し、あなたの心のうちで、神はイエスを死者たちから起こされた、と信ずるなら、あなたは救われる」を知るようになり、「主イエス」の身読の参究は深まった。口と心と身心全体を「この一念（主イエス）」に投入するようになったからである。

そこで、坐禅によってこの転換を行って、「主イエス」と唱えると、私のために主イエスが受難し、十字架に架けられたことを知るようになった。私はそのようなイエスに応えて、私もキリストと共に苦しみを受け、日々自分に与えられた十字架を担って行きながら「主イエス」を唱えた。そうすると全身で「主イエス」を唱えることができるようになった。それを長く続けていると、「主キリストが私のうちに生きておられる」（ガラ二20）のを経験するようになった。この経験は、聖霊による神的な絶対的な明証性によって根拠づけられた真正な神経験である。

4 さらに、坐禅によって霊操を実践し続けて行くと、イエスの愛が迫ってきて、イエスの愛に捕らえられる経験をするようになった。そうすると、この「イエスの愛」が私のすべての行動の判断基準になった。

この章でわれわれは聖霊経験をすることができた。この経験があれば、次章で聖霊による聖書解釈を容易になすことができるようになる。

第七章　パウロの「聖霊による聖書解釈学」

アロンソ・シェケルはコリント前書二章を解釈学的に反省し、次のような解釈学的図式を導き出している[50]。

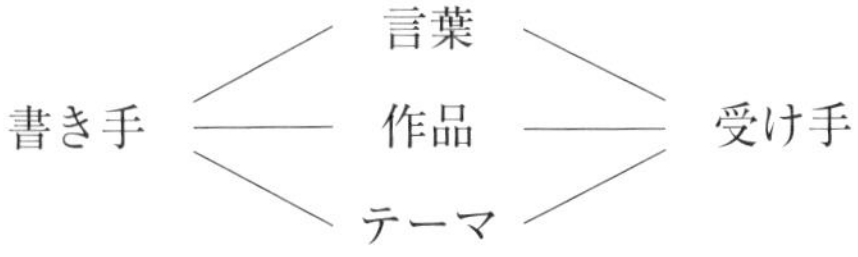

この図式は解釈学にたずさわる者であれば、誰でも前提する基本的な図式であろう。

そこで、この図式にもとづいて私がコリント前書二章の解釈を深めていった経験を述べてみよう。この経験を反省することによって、パウロの手紙を解釈する上での大切な指針を得ることができる。

一　コリント前書二章の解釈

まず取り上げる作品は、コリント前書二章である。

書き手は言うまでもなくパウロである。パウロがどんな人物であったか、よく知られているので、ここでは必要最小限度にとどめておく。彼は熱心なユダヤ教徒で、激しくキリスト教を迫害したが、ダマスコ城外で復活のイエスの示現にあい、異邦人への福音宣教への召命を受ける。そして、ユダヤ人以外の人々（異邦人）にキリスト教を述べ伝えるために、三回にわたって大旅行をする。第二回伝道の旅の途中（紀元五〇年ごろ）、コリントに約一年半滞在し、そこに教会を設立した。その後、コリントの教会に分派争いが起こった。そのほか多くの問題が起こったが、コリント前書一章から四章までは分派争いが取り扱われているので、ここではこの問題だけに絞ろう。

受け手はコリントの信徒である。コリントは地中海の中心に位置し、しかもアドリア海とエーゲ海の両方に二つの港を持つ交通の要地で、商業的にも文化的にも当時大いに栄えた大都市であった。多様な人が行き通う国際都市で、コスモポリタン的な雰囲気に包まれ、人間の知性や能力に対して信頼する傾向が強く、自分の判断で行動する人が多かったと思われる。このような雰囲気のなかでコリントの信徒の間に、「私はパウロのものだ」、「いや、私はアポロのものだ」、「いや、私はケファのものだ」と言って、分派的争いが起こった。しかも、彼らの間に人間的な知恵を誇り、それを拠り所にする傾向があり、また一種の霊的熱狂主義がはびこり、自分たちは霊的に完成されたものなので、すべてのことがゆるされていると考えた。

テーマは何か。それは、次の言葉が示している。

そこで、兄弟たちよ、私はあなたがたに、私たちの主イエス・キリストの名によって、お願いする。あなたがたすべてが、一つのことを語り、あなたがたのうちに分争がなく、あなたがたが一つの思い、一つの考えにあって結ばれるように。　（一の10）

さらに、パウロは「一つの思い」に結ばれるために、宣教者に眼を向けないで、自分がかれらに宣教した「十字架に付けられたキリスト」を観なさい、と勧めて次のように言う。

私たちは、十字架に付けられたキリストを宣《の》べ伝える。十字架に付けられたキリストは、ユダヤ人には躓きであり、異邦人には愚かであるが、召された者たちには、ユダヤ人であろうが異邦人であろうが、神の力（dýnamis）であり、神の智慧である。神の愚かさは、人間よりもより智慧あるものであり、神の弱さは人間よりもより強いからである。（一23—25）

神の力・智慧である「十字架の言葉（十字架につけられたキリストについての福音宣教）」（一18、24）こそ、コリント前書一・二章の中心テーマである。

しかも、この「十字架の言葉」は、人間の知恵では理解できないものである。「この世界が己の知恵によって神を知ることはなかった。」（同書一21）なぜなら「奥義の中にあって隠れていた神の智慧」（二7）だからである。

ここで注意すべきことは、キリストの十字架が奥義であり、人間の理性では理解できず、それを悟るためには、神の智慧が必要であるという点で、パウロの思想は道元の奥義思想と構造的に類似していることである。道元思想において、仏の奥義は凡夫の知恵で知ることができず、般若の智慧が必要だと説くからである（上掲書一八三頁以下）。そこで、道の奥義を悟るためには、道の活きを信じ、「意根を坐断し、知解の路に向かわざらしむ」という方法（同五五頁以下）が重要となるのである。なぜなら、西洋で発達した解釈学では、人間理性の立場から神の智慧の立場への転換はどのように行えばいいか教えてくれないからである。それに対して、道元は私たちに理性の働きを括弧に入れ（現象学的用語 einklammern）、神の智慧の領域に飛翔する方法を教えてくれるのである。

では、人間はどうやってこの智慧に達することができるのだろうか。この問いに答えて、パウロは次のように説く。

まさにこの私たちには、神は、霊をとうして啓示された（àpokalyptōo の arist）。霊はすべてを、神の深みさえも、究め尽くすからである。（二10）

「深み（bathos）」とは、神の底知れない根底を指す。神の霊は、神の底知れない根底さえも究め尽くすことができる。この霊が奥義の神秘の扉を開き、われわれ（キリストを信ずる者）に啓示してくれるのである。

「啓示された（ápokalyptō の arist）」は、パウロがユダヤ・ラビ的伝承から受け継いだ黙示思想を示す言葉である。今まで神秘のベールに包まれていたものが、ベールが取り除かれ明らかに示されたことを指す。その際、智慧（霊と同一）と啓示（Apokalytik）が結ばれている。[51] 神がわれわれに奥義を啓示されたのは霊（智慧と同一）によるからである。コンチェルマンによれば、パウロにとって、霊と知慧は同一である。[52]

この文を解釈学的観点から反省すると、この霊こそ神の奥義の真の解釈者であることは明らかだろう。パウロは、この霊によって奥義を知り、その霊によって解釈しながら、コリント人に福音を宣べ伝えた。だから、霊は真の解釈者であり、パウロは神の霊とコリント人の間を仲介する解釈者である。

パウロは、さらに一歩進めて、次のように説く。

私たちは神からの霊を受けた。それは、私たちが、神によって私たちに恵みとして与えられたものを知るためである。私たちはそれを（知るだけでなく）語りもするのだが、それは人間的な知恵によって教えられた言葉においてではなく、むしろ霊によって教えられた言葉に

において（語るの）であって、霊的なものを霊的なものによって解釈しながらそうするのである。（二12—13）

文中の「恵みとして与えられたもの」とは、異言・癒し・預言などの霊の賜物（一二章）のことではなく、一18から二11で述べられている「十字架の言葉」の奥義に対する信仰と救いの根本的な恵みを指す。

「霊的なことを霊的なことによって解釈する」の「解釈する（syngkrinontes=synkrinō の主語的男性的能動的複数分詞）」は、語釈的には三つの訳が可能である。解釈する、比較する、合うように一緒にする。多くの釈義を参照にしたが、ティシェルトン[53]のものが一番よいと思うので、それに従い、「解釈する」と訳した。ただし、この「解釈する」は、シュライアーマッハ、ディルタイ、リクールの主張するように、生活経験による理解に門戸を開けておくことが含意される。ティシェルトンは「生活経験による理解」を聞き手の状況に適用して、それに合わせる、適合する、という意味に取っている。

私は、以下で述べるように、「似たものは似たものによって理解される」という生活経験に基づいて、「愚かになったキリストを理解するのは、解釈者が愚かにならなければならない」と解する。

「霊的なもの（pneumatikois 複数形容詞与格）」は、霊的な人々、あるいは、霊的な事柄を意味する。後にⅠコリ一26―二5の釈義によって、霊的な人々とは、信ずる者たちと宣教者を指すことが明らかになる。これらの人々が聖霊に動かされてなす業（行為）を指す。

「霊的なもの（pneumatika 複数中性形容詞の対格）」は、霊的な事柄一般、あるいは、霊的な真理、霊的な啓示、霊的な奥義など、特殊な霊的な事柄や出来事を指す。後にⅠコリ一26―二5の釈義によって、「霊的な事柄」とは、十字架の言葉、その啓示、福音、宣教、信仰などの出来事を指すことが判明するようになる。

私たちは霊を受けて、この福音の奥義を知ることができるだけでなく、パウロがコリント人に宣教したときのように、神の奥義を語ることができるようになる。しかも、それを語るとき、霊**に教えられた言葉**において**語り**、「**さらに霊的なことを霊的なことによって解釈しながら**」、語ることができるようになる、と説く。

このパウロの発言は、聖書の解釈がどうあるべきか、という聖書解釈学の本質を説くものである。この聖書解釈の本質に照らして省察するとき、第一に現代の聖書解釈学が抱える大問題が浮かび上がってくるだろう。第二に、パウロは、その大問題にたいする解決の方法を示唆してくれる。

第一に、聖書は、神の奥義を語るものであるから、人間の理性で解釈できない。神の霊こそ神の奥義の真の解釈者である。

Ⅱテモテ三16が言うように、「聖書はすべて神の霊の導きのもとに書かれたもの（theopneustos）」（参照　ペトロⅡ、一19―21）である。theopneustos を直訳すれば、神は息吹く方であり、その息吹によって生まれたのが聖書である、という意味である。聖書が神の霊（息吹）によって書かれたものであるなら、解釈者も神の霊に息吹かれて聖書を解釈しなければならない。そこで、古来からカトリック教会では、真の聖書解釈は神の霊によって行われなければならない、と説き続けてきた。それなのに、現代の聖書学は聖霊には一顧だにせず、もっぱら人間の理性によって解釈している。これは現代の聖書学が抱える大問題であると言わなければならない。パウロの神の霊による聖書解釈の説は、現代の聖書解釈に対して根本的な変革を迫るものである。

第二に、幸いにパウロは、霊による解釈をどのように遂行すればよいかを、簡潔に説いている。

それは、（1）神の奥義を霊に教えられた言葉で語り、（2）さらに霊的なことを霊的なことによって解釈する方法である。

すでに、霊とは何かを参究したので、それを参考しながら、（1）霊に教えられた言葉とは何か、（2）霊的なことを霊的なことによって解釈するとは何か、を参究しよう。

パウロはここでは自分の解釈方法を簡潔に述べるだけであるが、実際にパウロは前後の広い文脈のなかでこの方法を使って解釈しているから、前後の文脈を探索し、この二つの問いが何を意味するかを参究しよう。その結果、パウロがどのような解釈学的方法を使っているかが明らかになるだろう。そこで、Ｉコリ一18―二5のテキストを研究しよう。

文脈全体、一18―二5をまず概観しよう。

①　パウロは、一18―25で「十字架の言葉」（主題）の活きの根拠・基準を述べ、

②　一26―31でコリントの共同体のあり方がこの根拠・基準に則っているかをコリントの信徒に反省させ、

③　二1―5でパウロ自身とその宣教のあり方がこの根拠・基準に則っていることを述べる[54]。

①と②と③の三つを貫いているのは、根拠・基準である。そこで、根拠・基準とは何を指すのか。この問いに答えるために、もう少し詳しく見て行こう。

二　霊に教えられた言葉とは

①　一、18、19で主題・根拠・基準である「十字架のことば」が述べられる。

18 十字架の言葉は滅びる者たちにとって愚かさであるが、救われる者たち、我々にとっては神の力である。

19 それは、こう書かれているからである。

「私は知者たちの知恵を滅ぼすであろう。そして、賢者たちの賢さを無に帰するであろう。」

（イザヤ二九14）

難解な語彙を解明しよう。

「十字架の言葉」とは、Ｉコリ二1―3が述べているように、パウロがコリントにはじめに行ったとき、宣べ伝えた福音の内容を指す。パウロは、福音の中心に十字架につけられたイエス・キリストを据える。抽象的な十字架の概念ではなく、苦しみ、血を流し、息絶えて死に、葬られたキリストその人を指す。なぜなら、十字架にかけられて死んだイエス・キリストこそ、神の救いの約束が現実化した方だからである。

パウロの伝えた福音は、過去におこった歴史的出来事の報告ではなく、宣教の現場で今《いま》現に活く救いの出来事である。なぜなら、福音は単なるイエス・キリストについて語る物語ではなく、イエス・キリストが福音を通じて今も救いの行為を続けていることを告げるものだからである[55]。パウロは、「あなたがたは、私から聞いた言葉を神の言葉として受け入れた。その神は、あなたがた信ずる者たちのうちにあって、まさに働いておられる」（Ｉテサ二13）と、明言している。だから、パウロの「十字架の言葉」は、福音の内容であると同時に、イエス・キリストを通して神が福音を通じて救いのわざをなし続けていることを指す。

この「十字架の言葉」が、このテキスト全体の主題であり、それが信ずる者と福音宣教者が従うべき原則である。

この「十字架の言葉」がまさしく「霊によって教えられた言葉」(二13)である。このことは、一18節から二16節の長い文脈の流れから証明されると思うが、大変複雑な学問的な手続きが必要なので、この論文では断念しよう。

「十字架の言葉」が「霊によって教えられた言葉」であることは、それが象徴言語であることから証明される。このことを証明するために、まずパウロの使った象徴言語を省察しよう。

三　パウロにおける象徴言語

パウロは、新約聖書の他のどんな著者よりもヘブライ的文化の影響をより多く受けている。とくにラビ教育のなかで身に着けた律法的思考方法や解釈学、またミドラッシュ(Midrash)的な聖書使用(解釈)を使ってキリストの神秘を省察する。今までパウロは、概念言語(Begriff-word, Begrifflichkait)を多用して自分の神学を構築していると思われ、象徴的言語を使っていることはほとんど注目されていなかった。パウロの神学は、現代の神学のように神・キリスト・人間・世界を客観化し、神の救い・啓示の業を客観的に叙述して、キリスト教教義の体系を構築したものと解釈されていたが、実はそうではなく、Credo（信仰宣言）にのべられ、福音において現実化する救済の出来事の解明なのである。[56]

しかし、パウロは一見概念言語に見える言葉を使いながら、実は概念言語の裏打ちをしている象徴性を重視し、「象徴は考えさせる」（カントに基づくポール・リクール説）からこそ、深い神学的省察をすることができたのである。このことは、パウロが次の引用文（Ⅱコリ四6）の中で「キリストの顔」の象徴を使いながら、キリストの偉大な救いの業を具体的に示していることからも明らかである。

「闇から光が輝き出よ」といわれた神は、イエス・キリストの顔に輝く神の栄光を悟る光を、私たちの心の内に照らしてくださった。

旧約聖書では、顔（pānîm）は、ある人物を示す象徴である。文脈からいえることは、モーセの顔は神の栄光が輝いていたので、イスラエルの民はモーゼの顔を見ることができなかったように（出エ三7）、十字架によって人類の救済を成し遂げた人間イエスの顔は、イエスと共に人類を救済しつつある父なる神の栄光が目の眩むほど輝いていると、パウロが考えていたことを、この文は示している。イエスの顔は、父なる神の目の眩むような栄光が輝いていることを指すために使用されている象徴である。

しかも、パウロは新約聖書の中でただ一人「顔と顔とをあわせて観る」（Ｉコリ一三12）という表現を使って、至福直観の奥義を象徴的に解釈していることは注目すべきである。

そのほか、パウロは水や岩の象徴を使ってキリストの奥義を語っている。（Ｉコリ一〇３―４）タイセン(57)によれば、パウロの救済の教えは、二つの象徴的構造を持つという。

一つは、社会形態的相互作用の象徴性である。それは、ｉ　解放、ii　義化（justification）、iii　和解の三つの基本的暗喩を含む。

もう一つは、生理形態的形質転換の象徴性であり、生物学的と存在論的構造に関する象徴である。それは、ｉ　物理的な形質転換、ii　生と死、iii　統合の三つの基本的暗喩を含む。

これら多くの象徴性はパウロの思想の全体を覆っていると言っていいだろう。

このことを示すために、二つの象徴的構造からそれぞれ一つの例を簡潔に説明すれば、パウロの教え全体が象徴に満たされていることは、十分に分かるだろう。

解放（liberation）の象徴では、社会的権力のイメージが支配的である。救済は解放として起こる。拘束・抑圧は救い出されていない身分を示し、奴隷化の力はサタン・死・罪・律法を表す。救いは抑圧・束縛からの解放として象徴的に表される。一例だけを示す。「隷属状態から自由にされ、神の子供の栄光の持つ自由に至る」（ロマ八21）。

生理形態的形質転換の象徴では、「キリストと共に成長し」（ローマ六5）、「わたしたちはキリストの死と同じ姿（symmorphizomenos 形態を共にする）になる」（フィリピ三10）などがその例である。

このように見てくると、パウロの書簡全体が、隅々まで象徴・暗喩に満ちていることが分かる。このことから、パウロの思惟方法の根本は象徴的であると結論して良いであろう。この結論は、パウロの中心思想が、父なる神とキリストの奥義であることからいって、当然といわなければならない。なぜならば、神の奥義は人間の理性と概念ではとらえられないものであるから、感覚でとらえられる自然的事物の認識を象徴として使って、超自然的奥義へ飛躍する以外に道はないからである。

四　「十字架の言葉」は象徴言語である

パウロの象徴言語の観点からパウロの発言「十字架の言葉」は、ハンス・コンチェルマンが言うように「概念性（Begrifflichkeit）」が目立つけれども、「汲みつくしえない福音の内容表現」(58)である。

初代教会の初めから現代の教会において、「十字架」こそ、イエス・キリストの人類救済の奥義の象徴である。「言葉」も、ヘブライ語のダバールの原義が示すように、聖書的用法では理性的な概念を表さず、出来事、特に神の救済の出来事（Heilsgeschicht）を表現するために用いられるのである。パウロがこの二つの言葉を結合して造った「十字架の言葉」という**ことば**は、「汲みつくしえない福音の内容」を象徴的に指し示すシンボルであることは間違いない。象徴という観点こそ、パウロ神学の真価を知る上で絶対に必要なものなのである。

パウロの生存地平に立ってみれば、十字架（ho stauros）は、奴隷の重罪人や属州の反逆者のみに課せられた死刑に使われた磔刑用木材を指す。犯罪人は横木に両腕を釘付けにされ、血が流れ出し、普通一日か二日掛かって窒息死する。それは見るも悲惨な屈辱的な殺され方である。パウロにとって十字架とはまずもって血なまぐさい、悲惨で恥辱的な感覚的事物を意味したのである。その上、ユダヤ人・パウロにとっては、十字架は、「律法による神の呪いのしるし」である。(59)聖書の象徴言語は、このような具体的な感覚的事物を飛躍台にして、奥義である不可視で不可説な神的出来事へと超越するのである。

付論1　象徴 Symbol (Metaphora) とは何か

奥義を知り、その知を表現するために、ポール・リクールやアロンソ・シェケルの研究が明らかにしたように、象徴 (symbol) が重要な役目を果たす。そこで、象徴が何であるかを参究しよう。

象徴は豊かで多様な内包（意味内容）を持ち、言葉・事物・出来事・現象は言うに及ばず、神・仏・神秘など人間の理性では認識できない超越的なものを感覚的なものを通して語るためには欠かせない機能である。だから、学問的に定義しようとすると非常に困難である。そこで、まず具体例から説き起こし、徐々に「定義」に近づくことに努めよう。

水は、科学的に言えば、酸素と水素の化合物を指すが、水の科学的定義は無味乾燥で、一義的である。科学的思考では象徴は問題にならない。しかし、日常生活では風俗習慣によって水は多義性を帯びてくる。「水が出る」といえば、洪水を指し、水滴も川も池も海も水という言葉で言い表す。「水にする」とは、効果を失わせることを意味し、「水に流す」とは、すべてなかったことにすることを意味するようになる。

さらに文化背景や精神的伝統の影響を受けて、上述したように、水は、超越的なものを指し示すようになる。たとえば、浄化・悔い改め・神の命を象徴的に示す。洗礼の水は受洗者の罪を清め、神の命を与え、神の子にする実効をもつ。そして、水は神の霊を表す実効的な象徴となる。

聖書は象徴の宝庫であるといってよい。パウロにおいても象徴は重要な意義を担っている。水・神の手・神の顔・岩など、多くの象徴が使われている。パウロの中心思想の一つである「十字架」も象徴として使われているのだが、神学者・パウロ研究家はこの点にあまり注目せず、抽象的な神学概念として取り扱うから、パウロの深い真意を汲み取れなかったように思う。

ところで、象徴的用法で最も注目されるのは、言語・文・言述・作品においてである。しかし、行動・動作も、さらには事物・出来事も象徴として使われる。事物については、すでに上述した水はその一つの例である。行動・動作では「手を上げる」という動作はよい例である。社会的習慣によって多義的な意味を帯びるようになったからである。タクシーを止める、質問をする、挨拶する、意見に賛成する、などを意味することになる。人間の行為は、物体の運動とは違って、社会的慣習にもとづく意味を帯びている。

歴史的な出来事も多義的な意味を帯びることがある。旧約聖書のエジプト脱出の出来事は、イスラエルの民には神の恵みを思い出す出来事だけではなく、神の民の誕生を意味し、神ヤハヴェの愛のしるしと証《あかし》を意味する。新約では、イエス・キリストの救いの業は、エジプト脱出によって前表されている救いの奥義の成就という意味を持つようになる。

付論2　象徴の哲学的解明

象徴について古代から中世を経て近代に至るまで、多くの思索がなされて来た(60)が、近代的な理性の狭い哲学の窮地を打開するために象徴の果たす役割に注目したのはカントであった。カントが象徴を取り上げるのは、『判断力批判』においてである。この批判書において、『純粋理性批判』における自然概念の基礎づけと『実践理性批判』における自由概念の基礎づけとの橋渡しがなされた。同時に自然科学的合理的な悟性の哲学の狭量と倫理的実践理性の射程の狭さとを乗り越えるために、美と崇高についての経験と直感的洞察を反省し、判断する認識能力、つまり反省的判断力を批判的に考察することによって、象徴が果たす役割を剔出した点でカントの功績は大きいと言わなければならない。

カントによれば普遍的に伝達されうるのは、認識と表象以外にはない。認識のためには感覚的直観の多様を結合する構想力（創造的創造力）と概念の統一をつかさどる悟性とが必要である。美的判断においては構想力と悟性とが協調し、「自由な遊び（freier Spiel）」が生起する。美的快感はこの認識能力の生気づけられた活動を持続させようとする。感性化としての例証は図式的と象徴的の二種類がある。前者（図式的）は、悟性がとらえる概念に対応する感覚的直観がア・プリオリに与えられる。後者（象徴的）は、理性が思考する概念（理念）にどんな感覚的な直観も適合しないが、その理念の根底にある直観は先験的に前提され、どんな人にも通有する「共通感覚（Gemeinsinn）」と呼ばれるものである。それは判断能力の理念、単なる理想的規範である。カントはこのような美意識の先験的構造を構想し、普遍的に伝達されうる美的快感の根拠を示した。

ア・プリオリな概念の根底に置かれるすべての直観は、図式であるか、象徴であるかである。図式は概念の直接的な描出を含み、象徴はその間接な描出を含む。

われわれは、カントの先験的哲学の形而上学的不可知論に与せず、その狭さを乗り越えるために、理性（Vernunft）の代わりに、智慧によって人間の認識能力を活性化し、神と人間・万物の壁を乗り越えて、神的なものを認識可能なものにする立場をとる。人間の理性の限界性はそのまま残るから、智慧が象徴を使って形而下の領域から形而上的領域へと飛翔しなければならない。そのとき、象徴機能をつかさどるのは反省的判断力において、構想力と智慧とが「自由な遊び」をして、霊的直覚（智慧）が神的なものを直覚し、そこで与えられる直覚は、智慧が把握する神的イデアに適合して、神的事柄が知られることになる。

この事態を具体的な例「水」で省察してみよう。

感覚的事物としての水は、感覚的直観によって認識される。理性によって捉えられた「水」という概念は感覚的直観に適合していることが、判断によって正しい認識であることが確認される。次に、水という象徴を使って「神のいのち」を直覚し、神の生命の悟りに至る場合を省察してみよう。この悟りの根底にあるものは、多様な意味を持った水の体験である。飲む水は人間・植物・動物、いや生きとし生けるものを生かすものである。そこから感覚的な「飲む水」は、「生きとし生けるもの」すべてを生かす源泉である、と悟る。

聖書では、水は非常に多義的な深い意味を持つようになる。遂には、水は神の霊を表す象徴となる。神こそすべてのものを生かす源泉である、と悟る。だから、感覚で生き生きとした物と知られる「水」は、神の象徴となるのである。

ところで、この象徴的認識の過程を反省して、「水としての神」の象徴的悟りがどのように生まれるのか、を観てみよう。

飲む水とは、水が他の生物に対する関係の中で生じた出来事である。

キリスト教的世界観においては、この出来事にすでに神の創造的な活きが関与している。詩篇によれば、神が水を与えて、生物を生かしている。この観点から水がすべての生物を生かすのは、最終的には生命の源泉である神によってである。

われわれは水を飲むという経験を積み重ねていると、渇きが癒されるだけでなく、肉体が生かされるのみならず、心も癒され、活性化されたことを感ずる。水は神によって創られたものであることを悟る人間は、このような経験を重ねるうちに、人間全体が神によって生かされていることを悟るに至る。この悟りは霊の活きであることは間違いない。なぜなら、次の項で省察するように、霊は、被造物と創造主の間に横たわる絶対的差別を乗り越えて、水という感覚的なものを通して、神の万物を生かす力を指し示すことができるからである。

五　象徴と聖霊の協働

さらに、象徴と霊は深く関係しあい、助け合う関係にあることに、われわれは特に注目したい。なぜなる、象徴が理性の狭い認識領域を超えて神の奥義にまで飛翔する力があるのに、人間の理性の力では神の奥義へ飛翔できないから、象徴が機能するためには、神の奥義へ飛翔できる力が必要である。人間に与えられた神の霊こそ、まさしくその飛翔力である。なぜなら、霊は、人間と神の絶対的な差異をも乗り越え、被造物と創造主の間に横たわる銀山鉄壁を打ち破り、関係性を開く力であるからである。かくして、霊と象徴は相補的な関係にあることは明らかである。神の霊なしに、象徴は本来の役目を果たしえないのである。

六　「霊的なことを霊的な出来事によって解釈する」とは

次の課題は、「霊的なことを霊的な出来事によって解釈する」とはどういうことか、である。そこで一六五頁のテキストに帰ろう。

①の続き。

18節で、「滅びるものにとっては愚かであり」と「救われるもの（われわれ）にとっては神の力である」は平行法である。「滅びる者」と「救われる者」と平行し、「愚か」と「神の力」とが平行している。聖書の解釈では、この平行法が解釈の導きの糸である。

しかも、「滅び」と「救い」は、パウロが黙示文学の伝承から受け継いだ思想に由来する。「この世」（20節）も、ユダヤ人が求める「徴」（22節）、つまり、神の力の奇跡的な顕れも、黙示思想に見出されるものである。

黙示思想について手短に述べよう。

神の差し迫った到来への期待と希望を中心とした思想である。神は「終りの日」に決定的な仕方で人類の歴史に介入し、「徴」をもって神の力を顕しながら、自分の民を救い、敵を罰し、現に存在する堕落した宇宙的秩序を破壊し、宇宙を原初的な完全な状態に立て直す、とユダヤ人は待望していた。時は「終りの日」を境にして「古き時代」と「新しい時代」に分かれる。滅びと救いの二元論で、敵は「滅ぼされ」、信ずる民は「救われる」。

パウロは、このような黙示思想を背景にしながら、それをイエス・キリストの啓示によって再解釈した。黙示思想の残すべきものは生かし、捨てるべきものは変え、換骨奪胎する。パウロはユダヤ人の求めていた「徴」は神の力の本当の現れではなく、新しい時代においては、「十字架の言葉」こそ真の神の力である、と説くのである。なぜなら、力そのものである神が、十字架の福音の宣教において働いており、イエスの十字架によって全人類の救いを成就しているからである。人間の知恵から見れば、十字架に架かって死ぬことは愚かなことである。神は、この十字架の愚かな行為によって人類を救い、この世の知恵を断罪し、滅ぼしたのである。神は、この世の知恵とちょうど反対のことを通して人類救済の偉業をされた。だから、パウロは、福音を「十字架の言葉」と表現することによって、「十字架の言葉」を世の知恵と対極させ、十字架の愚かさを神の智慧に逆転するのである。

この最も偉大な逆転は、旧約聖書の言葉、イザヤの言葉（二九14）によって表現されている。神は、「終わりの日」、この世の知恵、人間の知恵や賢明を完全に「滅ぼす」ことを決定された。この決定は今やイエス・キリストの到来によって現実となり、キリストを信ずる者は救われるようにされた。

20節で神がこの世の知恵を愚かにしたことを述べ、21節で神の智慧によってその理由を説明する。神は智慧によって「この世界が自分の知恵で神を知ることのないよう」にされた。つまり、この世が神を認識しないのは、世の側の拒否行為なのではなく、神の側からの積極的拒否なのである。

この世が自分の知恵で神を認識できないのは、自分の知恵を誇り、それを基準にして神を判断する愚かなことをするからである。だから、神は智慧に基づいてこの愚かな行為を拒否する。神を認識するために、この世は誇りを捨て、愚かにならなければならないからである。そこで、この世の知恵を積極的に拒否することによって、世を改心へと導き、自分のもとに帰るように迫るのである。だから、神の拒否は神の憐れみの現れであるといってよい。

それと呼応して、「宣教の愚かさによって信ずる者たちを救うことを、よしとされた」のも、神の智慧の活きである、と説く。人は誇りを捨て、愚かになることによってのみ救いの道に導かれることを、神は智慧をもって見抜かれているから、十字架の愚かな道の福音を述べ伝えられたのである。

22・23節で、ユダヤ人が徴を求め、ギリシャ人が知恵を追い求めるのに対して、「私たちは、（愚かになって）十字架につけられているキリストを宣べ伝える。」

十字架のキリストはユダヤ人にとっては躓きであり、異邦人（ギリシャ人）には愚かである。これは神の決定の結果である。この結果は、ユダヤ人と異邦人の主観から見れば、自分たちの態度決定で選んだものである。しかし、それは主観的な判断に基づく選択である。神の智慧と絶対的主導権から観るならば、正しいのは神の断定・断罪なのである。

24節で、パウロは、決定的な中心テーマ「キリストこそ神の智慧・力である」が躍り出るように、次のように述べる。

それに対して、召された者たちには、ユダヤ人であれ、ギリシャ人であれ、キリストこそ神の力であり、神の智慧である。

旧約聖書の中にヤハヴェに捧げられた神の力・智慧の讃美の文（Sap 七25、Hab 三19）があるが、パウロはここでそれをキリストに捧げる讃美にしたのである。その意味で、この文は、神の力と智慧についてのユダヤ教的讃美をパウロがキリスト教的に転調したものであると言えるだろう。それによって、「キリストは神の智慧であり、力である」ことこそ、命題の主旨であり、人間の生き方の原則（根拠・基準）であることを、パウロは鮮明に示したのである。

25節でその讃美の根拠を示す。

なぜなら、神の愚かさは、人間よりも智慧あるものであり、神の弱さは、人間よりも強いからである。

この25節と24節を比較すると、「愚かさ」が「智恵」と呼応し、「弱さ」は「力」と呼応し、平行論法が見られる。

24節のもとにある旧約の神に智慧の讃美では、歴史的出来事と関係なく、神と人間の能力が比較され、両者の無時間的な優劣が示される。従って、24節でも、キリストが神の智慧、神の力であるのは、「ユダヤ人にとってもギリシャ人にとっても」、つまり、すべての人間にとってそうである。つまり、キリストは神の智慧、神の力であるから、どんな人間の知恵や力と比較しても、比較を絶して優れている、と讃美されているのである。

24節と25節の平行論法から見ると、神の智慧が愚かな形で顕れたのは、人間の誤った態度決定に対する神の応答であることが明らかになる。それによって、無時間的な優劣に過ぎなかったものは、神が設定した歴史的な関係であることが、明確になるのである。

愚かになったキリストによって神の偉大な智慧が逆説的に顕わに現れたのである。召された者にとっては十字架のキリストは神の智慧の顕現である。だから、それはどんな知恵ある人間よりも遙かに優れた智慧であることは疑いない。

② 一、26―31節で、コリントの共同体のあり方が「十字架の言葉」の根拠・基準に則っていることを、コリントの信徒に反省させる。

兄弟たちよ、あなたがたの召しに注目してみなさい。肉によって言えば、多くのものが知者

であるわけでなく、多くのものが力ある者ではなく、多くのものが生まれのよい者ではない。しかし、神は、知者たちを恥じ入らせるために、この世の愚か者を選び出された。

このテキストでは、パウロは、一転してコリントの信徒に「兄弟たちよ」と呼びかけて、信徒に自分たちが愚か者であるかを内省させ、神が「愚かもの」である自分たちを「選び出された」ことを自覚させる。28節では、「無きもの（ta me onta）」であることを思い起こさせる。この言葉の意味は、存在しないもの、「無」である。文脈から、教育・財産を持っている「有力なもの」（28節）を無にすることを指すと言える。十字架の奥義は、世界の常識をひっくり返し、完全な転換を迫るのである。

「選び出された」という言葉の背後には、パウロの深遠な「霊的な思想」がある。その「深遠な思想」を踏まえて、二1―16で「奥義論」を展開するのだが、ここですでにそれを先取している。「奥義」とは、永遠の今において神が抱かれた人類・万物救済の御意志のことである。この永遠の御意志をいまや具体化され、コリントの信徒を「選び出されたのである。」この神の選出は偉大な歴史的出来事なのである。だからパウロは27―28節で三度も「選び出された」と言って強調するのである。

その選びを裏付ける根拠は、29節で「すべての肉（人間を指す）が神の前に誇ることのないためである」とパウロは説く。「神の前で誇らない」ことこそ、神に対する人間の根本的な態度だからである。この点が非常に重要な意義をもつから、わざわざ31節で「それはこのように書かれているようになるためである。誇るものは主を誇れ（エレ九23—24）」と、パウロは旧約聖書を引用して、この根拠が神的な明証性をもって絶対的に真実・真理であることを示すのである。

このように絶対的な真理である根拠に基づいて、キリストは誇りを捨てて、愚かになり弱いものとなった。キリストを信ずる者も、キリストに倣って愚かになり弱いものになるのである。愚かになる行為を通して逆説的に神の力と智慧は輝き出て、世に啓示されるからである。

30節は、29節の文の中に出てくる「神」を説明する文章である。

その神によってこそ、あなたがたはキリスト・イエスのうちに在る者なのであり、そのキリストは、私たちにとって、神からの智恵[61]になられたのである。

この文章は、27―29節で述べた「選び」をさらに言い換えたものである。そして、24節の内容に呼応している。24節では、「キリストは神の智慧・力である」のに対して、ここ30節では、「キリストは神からの智慧になられた」であり、「神から」と注記される。それによって救いの歴史の源と方向性が示される。救いの歴史は、源・父なる神からであり、「キリストのうちに」であり、「あなたがた（信徒）」へ、である。

それによって、26―31節の全体は救済論的であることが分かる。あなたがたは「神から」、「キリストのうちに在る者であり」、救いは十字架の福音宣教を通じてあなたがたに与えられたのである。この救済史のドラマの中心で逆説的転換が起きた。キリストの愚かになる行為を通して神の智慧・力が輝き出るという逆説的転換である。

この逆転は、キリストを通じて、信ずる者と宣教する者のなかでも起こる。彼らが愚かになる行為によって、神の智慧・力が輝き出るという逆説的転換が起こるからである。

③　二1―5節で、パウロ自身とその宣教のあり方がこの根拠・基準にそっていることを述べる。

このテキストでは、パウロはコリントに行って宣教したとき、自分がどのような状態であったか、をコリント信徒に思い起こさせる。全文を引用しよう。

1私もまた、あなたがたのところに行った時、兄弟たちよ、言葉や智恵の卓越さと異なる仕方で、神の奥義をあなたがたに宣べ伝えた。2なぜなら、私は、あなたがたの間にあって、イエス・キリスト、しかも十字架につけられたその方以外にはなにごとも知ろうとはしない、という決断をしたからである。3私もまた、弱さと、そして恐れと、そして多くのおののきの中にあって、あなたがたのところに行ったのである。4そして私の言葉も私の宣教も、知恵の持つ説得的な「言葉」によるものではなく、むしろ霊と力の証しによるものであった。5それは、あなたがたの信仰が人間の知恵によるものではなく、むしろ神の力によるものとなるためであった。

パウロは、「兄弟たちよ」と呼びかけ、難しい問題の省察へとコリントの信徒たちを導こうとしている。

1節と3節で、自分が初めてコリントに行った時の状態を語り、アテネでの宣教の失敗と疲労のために、衰弱し、恐れとおののきとに満ちていた自分をさらけ出しながら、人間的な智恵や言葉の巧みさで宣教したのではなく、4節で言うように、「私の言葉も宣教も、知恵の持つ説得的な方法によるものではなかった」ことを、信徒に語りかけるのである。

パウロは、Ⅱコリ4―5でそのときの状況をさらに詳しく述べている。

私がそちらに行ったとき、私は衰弱していて、恐れに取り付かれ、ひどく不安でした。私の言葉も私の宣教も、知恵の説得的な（言葉）によらず、霊と力との証明によるものであった。それは、あなた方の信仰が人間の知恵によるものでなく、むしろ神の力によるものとなるためであった。（同二4―5）

パウロはコリントに宣教したとき、自分が衰弱し、恐れに取り付かれ、ひどく不安な状態で、雄弁に語ることができず、愚かな仕方で福音を述べ伝えた、と語っている。

テキストに返ろう。一2節で、どうしてそのように行動したか、その理由を述べる。

2節は、ギリシャ語原文は難解で一筋縄ではゆかないが、次のように解釈するのがよいと思う。まず文脈から見て行こう。文脈から分かることは、パウロはコリント信徒の身心全体の方向を転換することを目指しているから、理性的な論理で説得するのではなく、「道なるキリスト」の導きに従って行動するように、道の道理に基づいて信徒を導こうとしていることである。コリントの信徒の間で「すべてのことを投げ打って、ただ十字架につけられたイエス・キリストだけを真に知ることが起こるようにすること」——これを宣教の目標にする、とパウロは決断した。

パウロにとって肝心なことは、十字架につけられたイエス・キリストこそ神の智恵・力であること（一4）が、信徒の間に真に知られるようになることである。そのために、ギリシャ語原文では、「あなたがたの間で知ること（eidenai、inf.）」と、不定法にしてあって、知ることの主語が書かれていず、「知ること」事態がこの文の中心テーマであることを浮き彫りにしている。

この中心テーマがコリント信徒の間で実現するようにするために、パウロは「兄弟よ」と呼びかけ、コリント宣教の時の状況を信徒に思い起こさせ、自分たちの信仰がパウロの機知に富んだ雄弁のおかげではなく、4節で「霊と力の証しによるものであった」と特記し、神の活きであることを納得するように仕向けているのである。

結論的に言えることは、福音の内容は、十字架にかけられ、呪われ、愚か者になったイエス・キリストである。愚かになったキリストの姿がすべての原則である。キリストが愚かになったのであるから、キリストの福音を宣教する者も愚か者にならなければならない。また、キリストが十字架に掛けられ、愚か者になられたように、福音の聞き手も愚か者にならなければならない。

七　解釈学的な謎が解ける

このように省察してくると、はからずも、イエス・キリストと宣教者と信ずる者の三者の間に、ギリシャ哲学の格言「似たものは、似たものによって知られる（Similes similibus cognoscuntur）」が、実現することになる。愚か者になったキリストは、愚かな宣教によって伝えられ（第一対応）、愚かになることによって聞き従われ、信じられる（第二対応）のである[62]。「愚かになったキリスト」は知られる対象である「似たもの」で、「愚かになった福音宣教者」と「福音を信ずる者」は知る「似たもの」である。愚かになったキリストは、宣教者が愚かになり、信ずる者が愚かになってはじめて認識できるのである。このような認識は、宣教者と信ずる者が自己を変革することによって理解可能になる。だから、この認識は、一種の解釈である。

そこで、この三者関連がわれわれの主題である解釈学的方法にとって重大な意味をもつことになる。なぜならば、知られる「愚かになったキリスト」は、パウロ的な表現では、「十字架の言葉」であり、神の奥義であり、「霊的なもの」であるからである。それに呼応して、信ずる者と宣教者が愚かになるのも、聖霊による啓示を受け、「十字架の言葉」に導かれて愚かになったキリストに倣って愚かになることによって、信ずるようになったのであるから、信ずる者と宣教者が愚かになるのも、「霊的な出来事」である。

このように省察してくると、パウロの謎の言葉「霊的なことは霊的なことによって解釈する」の謎が解けることになる。解釈される対象の「霊的なこと」とは、「十字架の言葉」、愚かになったキリスト・奥義・神の智慧・力であり、解釈する側の「霊的なこと」とは、信ずる者と宣教する者が愚かになることである。

「霊的なことは霊的なことによって解釈する」というパウロの言葉が、これまで謎であったのは、西洋世界の理性的な「生存地平」においては、解釈する側の「霊的なもの（出来事）」を知的な能力の行為であると予断するために、そのようなものは存在しないから、謎と思われたのである。

八　行の解釈学的機能によるさらなる解明

しかし、まだ疑問は残る。信ずる者の「愚かになる行為」がどうして「愚かになったキリスト」を解釈できるのか。「愚かになる行為」はあくまでも宗教上の実践に属し、解釈という知的営みとは次元を異にしている。そのような実践的行為がどうして解釈という知的な営みに貢献できるのだろうか。

このような疑問に答えてくれるのは、序論で上述した、道元の行の解釈学的機能の発見である。道元は解釈上で行が積極的な活きをすることを根拠づけたのである。これは宗教的テキストの解釈の歴史の上で画期的な業績であるといえるだろう。この業績を聖書やパウロのテキストの解釈に適用して、行が解釈という知的な営みに不可欠な活きをしていることが見えてくる。まず、道元の発見を素描しよう。

まず、道元は説く。「行ずれば、証は必ず**その中にある**」と。行の中にすでに証があることを指摘している。証とは仏の証しを指す。ではどうして行が仏の証しをもたらすのか。

道元は答えて言う。「機の周旋せしむる所なり」と。機とは、修行者の働きを指し、「周旋」とは、修行者が立ち回り、仏の活きとめぐり合い、仏の働きと一つになって行為する、という意味である。別の観点から言えば、修行者はすでに仏法そのものだから、坐禅をすれば、おのずから仏法が活きだし、修行者の機（活き）として立ち現れてくる。

仏の活きである本証は外から働きかけてくるのではなく、修行者の中から本証が湧き出てきて、証上の修として行が現れる。行はもともと本証の現れだから、行を続けていけば、証がおのずから現れてくる。

証は仏の活きであり、行は修行者の働きである。両者の関係はどのようになっているのだろうか。道元は言う。「証が行を使う」のであり、「行は証を招く」のであると。「使う」は仏の能動性と主導性を、「招く」は仏に対する尊敬の念を持って招き来て頂く行為を表す。

この道元の知見をパウロの「霊的なものを霊的なことによって解釈する」に適用しよう。「霊的なこと」とは、キリストが愚かになり、十字架に掛けられ、死し、人類救済を成し遂げられた奥義である。「霊的なこと（出来事）」とは、人間が愚かになったキリストに倣って愚かになることと、宣教者が愚かになることである。

それに対して「道の形而上学」の立場に立つ者は、すでに序論で参究したように、全身全霊で行うからだの行為が解釈学的な貢献をすることを知ることができる。

道元の言葉「行ぜざればあらわれず、証せざればうることなし」によれば、からだ全体で愚かにならなければ、「十字架の言葉」の奥義、愚かになったキリストの神秘は現れないし、「証」、つまり聖霊による啓示なしには、得ることはできないのである。全身全霊でからだを投入して、愚かになることによって初めて、「十字架の言葉」の奥義の扉は開かれるのである。この事態を別の観点からすると、さらにその根拠が明らかになる。

30節では、「キリストは神からの智慧になられた」であり、「神から」と注記される。それによって救いの歴史の源と方向性が示される。救いの歴史は、源・父なる神からであり、「キリストのうちに」であり、「あなたがた（信徒）」へ、である。

上述したように、Ｉコリ一26—二5節の全体は救済論的である。信ずるものも宣教者も、「神から」、「キリストのうちに在る者であり」、救いは十字架の福音宣教を通じてあなたがたに与えられたのである。この救済史のドラマの中心で逆説的転換が起きた。キリストの愚かになる行為を通して神の智慧・力が輝き出るという逆説的転換である。

この逆転は、キリストを通じて、信ずる者と宣教する者のなかでも起こる。彼らが愚かになる行為によって、神の智慧・力が輝き出るという逆説的転換が起こるからである。

このように省察してくると、信ずる者が愚かになるのも、宣教者が愚かになるのも、三つの逆説的転換が起こるのも、神の救済の活きによることが判明する。そうだとすると、信ずる者と宣教者が愚かになることは、からだによる実践的行為であるけれども、もとをただせば神の救済の智慧・力による行為であるから、神の智慧による行為、智慧を宿す行為である。

道元の用語で言えば、「行ずれば現われ、証は行中にあり。」これをパウロに当てはめて言えば、信ずる者・宣教する者が愚かになる行為をなせば、そのなかに含まれていた神の智慧が現れ、神の智慧による啓示は愚かになる行の中にあったのである。

私の身読的解釈

長年パウロの手紙を読んできて、いつも悩ませ続けたのが、パウロの「論理」であった。たとえば、上に引用した文章を何度読んでも、その論旨の流れが読み取れない。

1節で「私はあなたがたのところに行ったとき、神の奥義を伝えた」と述べ、2節で「なぜなら、私は十字架につけられたキリスト以外のことを知ろうとはしない、と決断したからである」と言うとき、「なぜなら」とはどういう意味なのかが分からない。文意からすれば、2節が一節の理由か、原因か、由来か、を述べているはずなのに、それが理解できない。

そのとき、分からない理由は、私の読む姿勢にあることに気づいた。私は理性を使って、分かろうとしていた。西田哲学の用語で言えば、意識的自己の立場に立って、パウロのテキストを客観的に読もうとしていたのである。

この過ちに気づいて、私は行為的自己の立場に立ち返った。聖書においては、神は「働く神」であり、それに呼応して、人間も「働く主体」であること思い返し、行為主体としての神と人間が、神の主導性のもとに、同時に感応し合いながら働き、歴史を形成している事実に立ち返った。その途端、パウロは理性で考えないで、「神の霊と力の証し」に導かれて論旨を進めていることが観えてきた。「道の形而上学」の観点から言えば、「道なる神・キリスト」は、信徒に「霊と力」を与えながら、彼らの内外（心とからだ）と彼らの全身心を動かして、信仰行為へ導いている。信徒はこの神・キリストの内外の活きに応じて、キリストと同じ道を歩み、愚かになる。そうすると、「神の霊と力の証し」を受けて、「十字架の言葉」の真実・真の理が観えて来る。問題は理性的な論理ではなく、「道なるキリスト」の導く「道の道筋（理）」を発見することなのである。「道の道筋」は「道理」と短く呼んだほうがよいと思うので、理性の論理に対して、道の道理と呼ぶのである。

九　道の活きの道理——行の解釈的機能による根拠づけ

もう一度、テキストに返って、Iコリ一18から二5までの全体の流れを省察し、道の活きの道理を観ていこう。

① 一18―25で、「十字架の言葉」（主題）の活きは、全体の主題であり、信仰共同体の生き方の原則（根拠・基準）であることが述べられ、

② 一26―31で、コリントの共同体のあり方がこの原則に則っていることをコリントの信徒に反省させ、

③ 二1―5で、パウロ自身とその宣教のあり方がこの原則に則っていることを述べる。

福音の内容は、十字架にかけられ、呪われ、愚か者になったイエス・キリストである。愚かになったキリストの姿がすべての原則（根拠・基準）である。キリストが愚かになったのであるから、キリストの福音を宣教する者も愚か者にならなければならない。キリストが十字架に掛けられ、愚か者になられたように、福音の聞き手も愚か者にならなければならない。

このように省察してくると、はからずも、イエス・キリストと宣教者と信ずる者の三者の間に、ギリシャ哲学の格言「似たものは、似たものによって知られる（Similes similibus cognocsiutur）」が、実現することになる。愚か者になったキリストは、愚かな宣教によって伝えられ（第一対応）、愚かになることによって聞き従われ、信じられる（第二対応）のである。別言すれば、この三者関連がわれわれの主題である解釈学的方法にとって重大な意味をもつことになる。

しかも、パウロはこの三者の全関連の中で常に主導権を握っているのは、神であることを説く。「十字架の言葉」が述べ伝えられて、滅びる者と救われる者の区別が生ずるが、この区別を創るのは「み言葉」（主イエス・キリスト・神）である。同時に、「み言葉」の救いの活きに対する人間の自由な対応が起こる。この観点からすれば、滅びと救いの区別は人間の側の自由の対応によって起こる。しかし、この人間の自由も神の賜物であるから、究極的には神の絶対的権力の支配の下になる。これこそパウロがユダヤ的遺産から受け継いだ神中心思想である。

そこで、「十字架の言葉」（Ｉコリ、一18）について語ったパウロは、Ｉコリ一26―31で、「兄弟たちよ」と呼び掛けながら、相手を親しい人間関係に誘い、重大なこと（神の秘儀）を打ち明け、それを悟ってもらいたいという願いをこめて、福音に従ったコリントの信者の自己省察に誘い、自分たちが「この世の愚か者」（同27）「この世の生まれのよくないものや軽蔑されているもの、すなわち無きもの（Ta me onta）」（同28）であることを自覚させる。愚か者になったキリストと同じように、あなた方も神の恵みによって愚か者になったこと（奥義）を悟るように、パウロはコリントの兄弟を導いている。これこそ、「霊的な出来事」（十字架上の愚か者）は「霊的なこと」（聞き手も愚か者になること）によって解釈し、悟ることである。(63)

このような解釈は、まず、ギリシャの解釈学的格言「似たものは似たものによって解釈される」を適用すれば、この解釈の妥当性は証明される。霊的な出来事「十字架上のキリストは愚か者」であり、霊的なことは「聞き手のコリントの信者も愚か者」であり、両者は似ているからである。愚かな聞き手によって愚かなキリストは解釈され、理解される。

さらに、この解釈は、道元の行の解釈的機能の霊的洞察によって根拠づけられる。なぜなら、道元によれば、行と証は、もともと本証（仏法）であり、本証のあらわれだからである。行ずるということは、本証の現れであるから、本証と同じ本性をもっている。

パウロの場合、行はコリントの信者が愚かになることであり、本証とはキリストが人類救済のために十字架上で愚かになったことである。信者がキリストに似て愚かになることができるのは、キリストが愚かになった出来事によって「生かす霊」（本証）となったからである。キリストは十字架の救済の活きは全世界の隅々まで及び、人々を愚かにし、愚かになったキリストと似たものになることによって、悟り、救われるのである。

だから、行ずれば、本証が現れ、証してくれるのである。そこで、道元は、「行ぜざればあらわれず、証せざればうることなし」と説くのである。（本書三〇頁）それをパウロの場合に適用するならば、福音の聞き手が「愚かになったキリストに似て愚かになることが、行にあたり、その行を行えば、本証である「愚かになったキリスト」が現れ、証してくれるのである。

さらに、道元は、人間の働き（機）と仏の活き（証・応）との微妙な関係を踏まえて、次のように説く。「（悟りを得るのは）機の周旋せしむる」ところであり、「証の使う所は行なり」と説く。「機の周旋せしむる」とは、修行者が立ち回り、仏の活きとめぐり合い、その活きを取り持ち、事をとりおこなっている、という意味である。そのとき仏の活き（証）が修行者の行を使っているのである。この場合、仏の活きは主導権を握っていることに注意すべきである。

これをパウロの場合に当てはめてみると、福音の聞き手の働き（機）とキリストの活きの微妙な関係がより一層明らかになる。聞き手はパウロの説教に出逢い、積極的に福音を聞き、キリストの救いの活きによって愚かになり、愚かになったキリストを悟るようになる（これがキリスト教的「機の周旋せしむる」ところ）。このときも、実はキリストの救いの活きが聞き手の行を使っているのである。

道元は、仏と修行者の活きの関係をさらに説き進める。「自家の宝蔵外より来たらず」と。これは、修行者はすでに仏法そのものだから、自分の家に仏の活きの宝蔵を蓄えている、という意味である。仏法の活きである本証は外から働きかけてくるのではなく、修行者の中から本証が湧き出てきて、証上の修として行が現れる。行はもともと本証の現れだから、行を続けて行けば、証がおのずから現れてくる。このような事態を道元は「行の招く所は証なり」と表現する。行が現れてくるのも、もともと自家の宝蔵である本証が活き、修行者を行に向かわせるから、「証の使う所は行なり」と表現するのである。この場合には、さらに一層仏の主導権は明らかである。

（本書三二頁）

これをキリストの福音と聞き手の関係に当てはめると、両者の微妙な関係が明らかになる。キリストの救いの活きはすでに聞き手のなかで活いて、その人の中から働き、聞き手を愚かなものにならせ、愚かになったキリストと似たものになり、キリストこそ救い主であると悟るようになるのである。

では、神の活きと人間の対応はどうなっているのだろうか。パウロは両者の微妙な応答関係を玄妙な仕方でⅠコリ二１―５で述べる。おそらく、上述したような、「私たちはそれ（キリストの奥義）を（知るだけでなく）語りもするのだが、それは人間的な知恵によって教えられた言葉においてではなく、むしろ霊に教えられた言葉において（語るの）であって、霊的なものによって霊的なものを解釈しながらそうするのである」というパウロの言表は、神と人間の応答関係を述べていると思われる。注意すべきことは、ここで上記したように三者関連が重大な意味をもつことである。

一〇 「神の霊と力による証明」とは

パウロは、自分の宣教が「神の霊と力による証明」によるものだと言う。では、「神の霊と力による証明」とは何か、を参究しよう。

再びテキスト（コリ二1—5）を引用しよう。


1そして、私もまた、あなたがたのところに行った時、兄弟たちよ、言葉の、あるいは知恵の卓越さとは異なる仕方で神の奥義をあなたがたに宣べ伝えた。

2なぜならば、わたしはあなたがたのうちにあっては、イエス・キリスト、しかも十字架につけられたその方以外には、なにごとも知ろうとはしない、と決断したからである。

3私もまた、あなたがたのところにいたとき、弱さと恐れとそして多くのおののきの中にあった。

4そして私の言葉も私の宣教も、知恵のもつ説得的な（言葉）によるものではなく、むしろ

霊と力との証明によるものであった、
5 あなたがたの信仰が人間の知恵によるものでなく、むしろ神の力によるものとなるためであった。

パウロは、ここでも前節（一26）と同じように、「兄弟たちよ」という呼びかけで始めていることに注意しよう。前節と同じように、深い親密な人間関係に相手を引き込み、重大なこと（神の奥義）を告げ、その悟りへと入ってもらいたいとの願いを込めている。

前諸節（同一26―31）で、「十字架の言葉」にコリントの共同体がどう対応したか（上述の第二対応）を述べた後、この第一・二節で、説教の内容（キリストの奥義）に対応して説教がどのような仕方でなされたかを述べる。第三・四・五節では、説教の内容（キリストの奥義）に対応して説教者がどのような情態性（Befindlichkeit）のなかで説教したかを述べ（第三節）、説教の内容（キリストの奥義）に対応して説教がどのような仕方でなされたかを述べ（第四節）、その結果、コリントの共同体の信仰が神の力によることを述べる（第五節）。

われわれの主題から言えば、第一節と第四節が重要である。なぜなら、そこでキリストの奥義に対応して説教がどのようになされたかが述べられているからである。しかも、その際、パウロは「(人間的な) 知恵のもつ説得的な言葉によらず、むしろ霊と力の証明による (En apodeixsei pneumatos kai dynameōs)」と注記する。

「知恵のもつ説得的な言葉によらず」の注記によって、コリントの共同体の信仰がいかなる人間的な知恵の言葉によって説得されたものでもないことを示す。そして、「むしろ霊と力の証明による」と注記することによって、信仰が神の霊と力によって直接証明されるものであることを示す。

では、神の霊と力は人をどのように信仰に導くのだろうか、しかも、その際、神がどのように直接的な証明を人に与え、信仰の真理性を証明するのであろうか。

まず霊と力の意味を省察しよう。神の霊とは、力との対比の中におかれると、人間の内面的な生命領域のなかでの神の活きを指し、それに対して神の力は人間の意識を超えた領域で起こる神の活きを指す(64)。

パウロがこのテキスト(第一節)で指示しているように、かれが最初にコリントでなした福音宣教の現場に立って、霊と力のこの活きを省察するならば、次のような証明がなされたと言っていいであろう。

神の配慮によって当時パウロは精神的にも肉体的にも疲労困憊していた。そのために、彼の説教は人間的に見れば貧弱極まりないものであった。これこそ神が望んでいたことであった。説教の内容（十字架の奥義）は十字架の無力・低劣であったから、それに対応する説教の仕方も無力・低劣でなければならないからである。そのときのパウロの説教は雄弁でもなければ、人間的な知恵に富んだものでもなかった。人間の側から信仰を基礎づける何物もない。そのときこそ、神の霊と力が活き、人に直接活きかけることができる。なぜなら説教を聴く人は、人間的な支えがないから、ひたすら説教の指し示す福音の内実「人類救済のため十字架の無力を引き受けたイエス・キリスト」に引きつけられ、霊と力によってキリストに似たものにされる。この事態を人間の側から観るならば、人間は神の霊によって自分の高ぶり・誇りを捨て、「無きもの」（同一29）になり、信仰へと導かれる。これこそが「神の霊と力による証明」である。

注

（＊）「神の啓示に関する教義憲章」、『公会議公文書全集』（中央出版社、一九六九年）所収三七三―頁、"Eoden spiritu quo scripta est, etiam legenda et interpretanda est"（この言葉は聖ヒエロニモ、In Gal. 5, 19-21, PL26, 417 からの引用）

（1）拙論「文化受容の根本問題と解決の試み」（『一〇〇年の記憶――イエズス会再来日から一世紀』編者イエズス会日本管区、南窓社、二〇〇八年、三二三―三三〇頁）の再録。

（2）Way of Knowing:A Buddhist-Thomist Dialogus: Internat. Philoso. Quart. Vol. 6, pp. 574-595.

（3）石井忠厚訳『エリアーデ日記』上、未来社、一九八六年（Fragment d'un Jounal, Gallimard, 1973）。

（4）拙著『身の形而上学』（岩波書店、一九九四年）参照。

（5）Summa Theologiae, I, a. 9, ad 1.

（6）St.Adamczyk: De obiecto formali intellectus nostri secundum doctrinam S. Thomae Aquinatis, Analecta Gregoriana, 1955.

（7）Hannah Arendt：『全体主義の起源』三巻、みすず書房、一九七二―五年。

（8）中論について、拙著『禅仏教とキリスト教神秘主義』（岩波書店、一九九一）六五―九六頁。

（9）「聖書はその初めから終わりまで、あらゆるかたちの命あるものに対する深い知覚と神に対するきわめて純粋な知覚とにみなぎっている。」レオン・デュフール編『聖書思想事典』八〇頁。宮本久雄教授の最近のハヤトロギアに関する諸業績は注目に値する。

(10) "ad eruditionem incipeintium" (Summa Theol. Prologus).

(11) 拙著『日本の諸宗教とキリストの道』岩波書店、二〇〇七年、再版。

(12) 拙著『道の形而上学』（岩波書店、一九九〇年）第三部「道《キリスト》の形而上学《テオ・ロギア》」一三一—三一一頁。

(13) 易経によれば、「道は形而上的である。」この項で述べることは、拙著『道の形而上学』第三部「道《キリスト》の形而上学《テオ・ロギア》」をさらに発展したものである。近く出版予定の『道の奥義の形而上学』のラフな素描である。

(14) ローマ、6章：洗礼という受洗者の行は、キリストの死に与ること（3）、キリストと共に葬られ（4）、キリストと共に生きる（8）ことである。受洗者は洗礼よってキリストと同死・同生する。

(15) イエス・キリストによる万物の救済については、エフェゾ書とコロサイ書に明記されている。

(16) この観念は、Hegelから学び、それをより実践化した。

(17) ネオ・プラトン的原理、トマスもこれをキリスト教的神観に適用している。私の禅の師・大森曹玄老師も仏の活きをこの原理で説明する。両者の共通点は文化受容上重要である。

(18) パウロがエフェゾ書とコロサイ書で述べたことの要約である。

(19) 拙著『身の形而上学』二三三—二三五頁。

(20) 自己還帰について、拙著『禅仏教とキリスト教的神秘主義』二五九—二六二頁参照。

(21) ゲルハルト・フォン・ラート『創世記』山我哲雄訳、ＡＴＤ旧約聖書注解刊行会、一一三頁からの孫引き。

(22) フォン・ラート上掲書二一〇頁。

(23) La Bible de Jerusalem, Cerf, 1988, 32p.

(24) A・J・ヘッシェル著『人間を探し求める神』森泉弘次訳、教文館、一九九八年
(25) 大森曹玄『参禅入門』春秋社、拙著『瞑想のすすめ』創元社、第三刷、一九九二年。拙著『禅仏教とキリスト教神秘主義』「坐禅の形而上学」一二九―一三六頁。
(26) 拙著『公案と聖書の身読』春秋社、一九七七年、九五―九六頁。
(27) 大森曹玄の教え、上掲書八四頁
(28) 同上
(29) 『霊操』(岩波文庫、拙訳八六頁)。
(30) Reiner Schurmann, Maister Eckhart ou la joie errante Editions Planele, Paris, 1972, pp. 318-320.
(31) アカタミエントはイグナチオの達した最高の境涯である。エバンジェリスタ『ロヨラのイグナチオ―その自伝と日記』桂書房、一九六六年、二一四頁、カスタニェーダ「iii 愛に燃える奉仕」一七四―一九〇頁に詳しい説明がある。
(32) Les Exercices Spirituels d'Ignace de Loyola, Bruxelles, 1990, 59-68 pp.
(33) 二つの例だけ挙げる。H. Coathalem『聖イグナチオ・デ・ロヨラの『霊操』の解説』新世界、九八頁。S. Arzubialde: Ejercicios Espirituales de Ignacio, Historia y Analisis, Bilbao, 1991, 73p.
(34) 善性(Bonitas)は哲学用語である。パウロの神学用語で言えば、神の義(ローマ書三21)と言えよう。
(35) 拙著『禅仏教とキリスト教神秘主義』岩波書店、二〇〇〇年(第三刷)一八―二一頁、二〇五頁。禅とキリスト教の構造的同一性のみでなく、質的同一性を発見した。同上書二四七―二五二頁
(36) 拙著『道の形而上学』一二七頁
(37) 『広漢和辞典』諸橋轍次他著、大修館、上巻、五七五頁

(38) Kohler, L: Theologie des Alten Testamente, Tubingen, Kohr, 1966, pp. 96–105
(39) Billerbeck, Kommentar zum Neuen Testament aus Talmud und Midrasch, C.H.Beck Mundren IV vol. S. 189
(40) Antonio Queralt, SJ: Ricerca Ermeneutica sulla Rûaḥ nel Vecchio Testamento, Editrice Pontificia Università Gregoriana. 1970
(41) Zimmermann: ibid. S. 83
(42) H. W. Wolf, Anthropologie des Altes Testaments, Munhen, 1973, 22ff.
(43) Josef Blank, “geist, HI./Pneumatologie”, in Neues Handbuch theologischer Grundbegriffe, Heraus. Peter Eicher, Kosel, 1983, II SS. 34–44
(44) Helen Schungel-Straumann, “PfingstlicheGeistkraft/Lebebnskraft (Ruah)”, DIAKANIA, 1990, S. 149–157
(45) Ulrich Wikckens, Der Brief an die Romer, II, EKK. B. VI/2. Neukirchener, 118–121
(46) Brendan Byrne, S. J., Romans, Sacra Pagina 6, Liturgical Press, 2007, 246p.
(47) Schlier, Der Romerbrief, Heder, 1977, 248.
(48) Willckens, ibid. 134.
(49) 『『正法眼蔵』参究』九三―九七頁
(50) Alonso Schökel, Jose Maria Bravo Aragon: Appunti Di Ermeneutica, EDB, Bologna, 1994, 5156. この章は多くをこの著者に負っている。
(51) Hans Conzelman: Der erste Brief an die Korinther, Gottingen, S. 80.
(52) Ibid. S. 83

(53) Anthony C. Thiselton, The Paternoster Press, 2000, 264-267pp.

(54) Schrage, Der erste Brief, an die Kormther 1: 165; cf. 165-238

(55) H. Zimmermann: Neutestanentliche Methodenlehre, Stuttgart, 1974 (4te Aufgabe), 161

(56) Hans Conzelmann: Der erste Brief an die Korinther, Gottingen, 1969, S. 22.

(57)

(58) Hans Conzelmann, Der erste Brief an die Korinther, Gottingen, 1969, S. 55

(59) 青野太潮『パウロの書簡』岩波書店、補注「十字架」六頁を参照した。

(60) Gaspare Mura: Ermeneutica E Verita,storia e problemi della filosofia dell'interpretatione, Citta Nuova, 1997,

(61) 本文には「義と聖と贖いと」と続く。この句はパウロ以前に成立していた「定型句」的な伝承と思われる。その意味は不明であるので、省略した。

(62) Schrage, wolfgang, Der erste brief an die korinther, EKKNT 7/1: 1 KON 1, 1-6, 11

(63) 青野太潮は「霊的なものによって霊的なことがらを判断しながら」（Iコリ二13）と訳すが、私は「解釈する」と訳したが、上述の事態を知れば、同じであることが分かる。

(64) Frits Rienecker: SprachlicherSchluessel zum Griechischen Neuen Testament, 1952, Brunnen-Verlag Giessenn, S. 355

(65) 『聖書の多様な読み方』宮本久雄（上智大学教授）、佐藤研（立教大学教授）、関根清三（東京大学教授）の講演（二〇〇九年一一月二九日、上智大学）。

(66) 『信仰と体のあがない――ロマ書五―八章の解釈』、『万民とイスラエル――ロマ書九―一一章の解釈』、

『信仰と心の割礼――ロマ書一―四章の解釈』（すべて中央出版社）

あとがき

本書を書くにあたって、多くの先学の業績に助けられた。内外の数多くの文献を読み、思索を深めて初めて本書は成立しえた。煩雑を避けるために参考にした文献を記載しなかったが、ここで深い謝意を表したいと思う。

そして、多くの人の協力と励ましを受けて本書を書くことができた。

なかでも最初に感謝したい人は、イエズス会総長ニコラス神父である。師は、日本の上智大学教授として神学を教えていた間も、その後日本管区の管区長であった時も、イエズス会総長になられてからも、長年にわたって私の学問的営み、特にキリスト教と仏教との比較研究とInculturation（キリスト教の日本文化受容）を鼓舞し、激励し続けてくださったからである。総長職の激務の中で時間を割き、本書の第一章を読み、拙説に賛同してくれただけでなく、東洋思想のより積極的な意義について書くように勧めてくださった。ニコラス師のこの勧告に応えようと私は努力した結果、道元の行の解釈学的機能を発見し、本書を書き上げることができた。これが本書をニコラス師に捧げる所以である。

次に宮本久雄教授に感謝したい。本書の第一章の原案を読み、触発され、東京大学の二人の同僚教授を連れて来られ、拙稿を高く評価すると同時に、貴重な示唆を与えてくれた。その上、本書の素案について公開討論会(65)を催してくださったからである。

さらに、バルケンホルスト上智大学名誉教授に深く感謝したい。先生は旧約学の専門家であるが、パウロのローマ書の注解書(66)を著している。私は、本書を書くにあたって、たびたび指導を受け、出来上がった本書の原稿を読んでくれ、批判してくださった。

最後に本書の出版を快く引き受け、美しい表装本に仕上げてくださった知泉書館の小山光夫社長に深く感謝したい。

二〇一〇年五月　風薫る主の昇天の祝日に

天籟窟にて
門脇　佳吉

門脇佳吉（かどわき・かきち）
上智大学名誉教授，東京大学工学部卒業，ローマ・グレゴリアン大学哲学博士，大森曹玄老師（花園大学元学長）から嗣法，道の共同体師家。専門は哲学（人間論），生涯にわたって禅とキリスト教を理論的に実践的に比較研究。
〔業績〕『道の形而上学』，『身の形而上学』，『禅仏教とキリスト教神秘主意』『『正法眼蔵』参究』（以上岩波書店）『霊操』，『ある巡礼者の物語―イグナチオ・デ・ロヨラの自叙伝』（以上岩波文庫）

〔パウロの「聖霊による聖書解釈」〕　ISBN978-4-86285-083-6

2010年5月15日　第1刷印刷
2010年5月20日　第1刷発行

著　者　門　脇　佳　吉
発行者　小　山　光　夫
印刷者　藤　原　愛　子

発行所　〒113-0033 東京都文京区本郷1-13-2
電話03(3814)6161 振替00120-6-117170
http://www.chisen.co.jp
株式会社 知泉書館

Printed in Japan　印刷・製本／藤原印刷